ENTRE Brasil e África: construindo conhecimento e militância

Petronilha Beatriz Gonçalves e Silva

ENTRE Brasil e África:

construindo conhecimento e militância

MAZZA edições

ENTRE BRASIL E ÁFRICA: construindo conhecimento e militância

1ª reimpressão – 2024

Coordenação Editorial
Maria Mazarello Rodrigues

Coordenador da Coleção TeçaSeuCorpo
Edimilson de Almeida Pereira

Capa
Sylvia Vartuli

Revisão
Édimo de Almeida Pereira
Libério Neves

Projeto gráfico e diagramação
Anderson Luizes

MAZZA EDIÇÕES LTDA.
Rua Bragança, 101 – Pompeia
30280-410 Belo Horizonte – MG
Telefax: + 55 31 3481-0591
pedidos@mazzaedicoes.com.br
www.mazzaedicoes.com.br

S586e

Silva, Petronilha Beatriz Gonçalves e.
Entre Brasil e África: construindo conhecimento e militância / Petronilha Beatriz Gonçalves e Silva. – Belo Horizonte : Mazza Edições, 2011.

176 p. ; 14x21cm – (Coleção TeçaSeuCorpo)

ISBN: 978-85-7160-551-0

1. Autobiografia. I. Título. II. Série.

CDD: 920
CDU: 929

As palavras são pura energia.
Minha mãe ensinava que há palavras que nunca se deve dizer, jamais dirigi-las a pessoa alguma.
E que há outras que têm o dom de
construir, de fortalecer quem as ouve ou lê.

Que os ancestrais me deem o dom das boas palavras e me ensinem a esquecer as outras.
Dedico este trabalho, que primeiramente foi memorial, exigência do concurso para Professor Titular em *Ensino-aprendizagem-Relações Étnico-racias* da UFSCar, a todas as professoras negras e também aos professores negros que, apesar das dificuldades, não esmorecem na luta contra o racismo e para o fortalecimento do nosso povo negro.

Dedico-o particularmente aos jovens, negras e negros, em especial aos que, aturdidos pela pressa de nossos tempos, vão perdendo a força que herdamos dos antepassados, a capacidade de resistir quando parece não haver possibilidade de esperança e infelizmente desistem.

Um instante

Leve e sem contornos
escapa,
mas outro já está chegando.

Foge, sem deixar vazio.
Dilui-se, para recomeçar outro.

Não volta, está sempre vindo,
entrelaçando-se um aos outros,
sempre novo,
sem repetições,
nos transporta pela vida.

(Petronilha, julho de 1991)

Sumário

Começo de conversa

Nós somos aquilo que conhecemos e fazemos, aprendi na tradição de minha família. Mais tarde o filósofo africano, Dzobo,[1] me ajudou a melhor entender o quanto aprender e conhecer são práticas da vida em que vamos travando relações com pessoas e ambientes e, assim, atingindo a percepção de quem somos e a que viemos.

Vou me fazendo mulher negra em todas as dimensões da vida que busco e que me são dadas viver. Escolhi, para escrever as páginas que seguem, destacar os conhecimentos que me fazem mulher negra, nos espaços e tempos em que vou me tornando professora de pele negra, com percepções, pensamentos, ações que buscam suas raízes no Mundo Africano. E, a partir daí, tento compreender e dialogar com as outras raízes que formam nossa nação brasileira.

No ventre das mulheres, vidas podem ser geradas. O ventre de mulheres e de homens recolhe dos alimentos a boa energia da vida

[1] DZOBO, N. K. Knowledge and truth: Ewe and Akan conceptios. In: WIREDU, KWASI & KWAME, Geygey. *Person and community*. Paris, UESCU, Hte council for Research in Values and Philosophy, 1992. p. 73-83.

e repele o que possa ser nocivo. O ventre reage quando se enfrentam aflições, medos, alegrias.

Certamente por isso Mamadou Diwara disse e escreveu que os conhecimentos encontram-se no ventre, uns com os outros, entrelaçados como caminhos de vaca. Neste livro tento como que abrir o ventre e desentrelaçar conhecimentos que, ao longo da vida, tenho tecido na companhia dos parentes, das amigas e amigos, de colegas de escola, de trabalho, do Movimento Negro, dos alunos com quem interajo, e até mesmo de pessoas com as quais o convívio tenha sido breve; conhecimentos que trazem as marcas de vivências de minha comunidade de destino – as negras e negros africanos da Diáspora e do Continente.

Para fazê-lo, rememoro fatos e situações vividas que têm formado o campo em que vou constituindo conhecimentos, cito pessoas que dele fazem parte, menciono sábios do cotidiano e autores com seus pensamentos e ações abrindo-me horizontes, sempre mais amplos e distantes. Recomponho minha trajetória profissional, com o empenho de situar conteúdos vividos e pensados – ideológicos, políticos, teóricos, pedagógicos – os quais vêm orientado minhas escolhas e elaborações. Faço-o com intenção de compreender e influir em relações étnico-raciais que prendem os brasileiros em cadeias que têm sustentado opressões e impedido a realização de muitos de nós, negras e negros.

Sou mulher negra, professora, pesquisadora na área *Educação e Relações Étnico-raciais*. Minha negritude, isto é, a construção de meu pertencimento étnico-racial, foi incentivada no meio da minha família: todos nos sabíamos negros, dos mais escuros aos mais claros, e gostávamos de sê-lo. Todos tínhamos amigos negros e não negros – judeus, descendentes de espanhóis, de belgas – amigos mais ricos e mais pobres. *É assim a vida,* ensinavam os adultos, *temos de saber conversar e conviver com todos. Ninguém é melhor, embora alguns queiram fazer a gente acreditar o contrário.*

Tudo começa na Colônia Africana, na casa onde nasci, originada de mãe professora e de pai construtor, no dia de São Pedro e São Paulo de 1942. Começa também nas ruas do bairro, passa pelos bancos escolares, entrecruza com Porto Alegre, cidade e fonte de energia. Desdobra-se nas viagens que se iniciam aos sete anos – com a ida em trem de Porto Alegre a Cachoeira do Sul, terra de parentes de meu pai – e se prolongam nos veraneios na velha Cidreira, onde, além das casas, só o mar sem fim e os ondulantes e móveis cômoros de areia. Mais tarde, ainda de trem, conheço Uruguaiana e descubro o exterior na minúscula cidade argentina fronteiriça, Paso de los Libres. Depois o Rio de Janeiro, quando se começou a chegar lá de ônibus, indo dos pampas. Concluídos os estudos superiores, com bolsa de estudos do Governo Francês, para estudar literatura, a França abre-me as portas para a Europa. Com as economias da bolsa, e apoios recebidos do Ministério das Relações Exteriores do Brasil e da CAPES, foi possível visitar a península ibérica, os países nórdicos, os países de língua flamenga e alemã, a Itália, a Grécia e, mais ainda, no Oriente Médio, a Turquia, Israel, Líbano, Jordânia e, na África, o Egito.

A África começa a tomar corpo em minha formação, primeiramente por meio das conversas com o Edwin, estudante nigeriano, convênio na Engenharia da URGS. Mais tarde, no convívio com os colegas da *Cité Universitaire de la Lanterne*, em Nice, França, oriundos do Senegal, Costa do Marfim, Camarões, Etiópia, Burundi, Benin. Os que vinham deste último país levaram-me à descoberta de que alguns escravizados libertos haviam retornado do Brasil para a África e que seus descendentes eram chamados de brasileiros. A África começou a ser descoberta num "cara a cara", em imersões primeiramente no Egito, mais tarde no Zimbaboe, depois na África do Sul, a seguir no Senegal e mais recentemente no Mali.

A América Latina se descortinou como mundo do qual eu e todos os brasileiros fazemos parte, quando o primo Cláudio foi adido militar na embaixada do Brasil, no Paraguai. Fomos visitá-lo. De Assunción rumamos de ônibus para Buenos Aires e, na volta para casa, passamos por Montevideo. Quando bolsista na França, convivera com mexicanos e com uma boliviana, que se viam partes do continente latino-americano; modo de pensar que eu não entendia muito bem. A viagem por trechos do Cone Sul me acenou o sentimento de pertencer a este território, sobretudo ao dar-me conta de que geográfica, cultural e historzcamente, o Rio Grande do Sul, meus pagos, fazia parte da bacia do Prata.

Idas e vindas, mais vivenciais do que turísticas, foram fazendo com que desse sentido aos versos de Blaise Cendrars na "Prose du Transibérien": *Eu estou a caminho, eu sempre estive a caminho.*

Vamos lá por mais um caminho, este livro, em uma linha de construção que é e não é cronológica. Às vezes, pode haver na narrativa um aparente salto no tempo cronológico ou um retrocesso. Esforço desta autora, para mostrar que o que está lá na frente se junta com o que se passou lá atrás, ou para explicar que o mais atual vem sendo construído desde há muito.

Venho de uma família que, por gosto e tradição, ouve e conta histórias. Minha avó Affonsina considerava inadmissível que as crianças não conhecessem as histórias da família, que incluem a dos amigos, a do bairro, a da cidade. Sempre ouvi histórias e fui incentivada a contá-las.

Narrar para ouvintes é uma situação, para leitores é outra bem diversa, embora num caso como no outro a intenção seja ressaltar o que a memória seleciona como digno de rememorar e transmitir. Na presente narrativa menciono o que, na história de minha vida profissional, as lembranças indicaram como tendo valor, para ser passado adiante.

A vida profissional é uma faceta da vida completa; para entendê-la é preciso fazer desvios aparentemente impróprios, ir por meandros que, talvez, aos olhos de quem leia, pareça fora do rumo da profissão. Se isto ocorrer, é porque me faltou habilidade para mostrar o quanto caminhos e picadas se encontram imbricados. Peço, pois, paciência a quem ler as páginas que seguem. Peço também que não faça julgamentos precipitados diante de possíveis divagações, elas são atalhos que se explicam, espero, mais adiante no percurso.

Sigamos, pois, pelos meandros da narrativa, desdobrada nas experiências de me tornar professora e pesquisadora. Sigamos por meandros que se entrecruzam, se renovam, criam condições para elaborar e dar sentido ao vivido.

Capítulo I

Nasci e cresci

Nasci e cresci na rua Esperança, na Colônia Africana, em Porto Alegre. O bairro, hoje denominado Rio Branco, foi um dos que, no pós-abolição, abrigou ex-escravizados e seus descendentes, além de acolher muitos imigrantes estrangeiros. Minha mãe, em sua infância, brincava com vizinhas que haviam nascido na Rússia, na Espanha. Desde os treze anos, uma vez que frequentava a Escola Normal, ensinava Português para imigrados judeus que ali moravam.

Negros e brancos, quando eu era criança, referiam-se ao bairro como a Colônia. Nas redondezas todos se conheciam. A especulação imobiliária, intensa nos anos 1960 e 1970, levou muitos para outros bairros, construíram-se prédios de muitos andares. Os vizinhos, hoje, já não se conhecem e o bairro deixou de ser designado como a Colônia.

Cresci brincando com meus primos e alguns vizinhos no pátio. Nossa casa tinha um belo jardim, com dálias, lírios, grinaldas-de-noiva, crista-de-galo, suspiro. Em finados, muitas das flores eram levadas ao cemitério, para homenagear os antepassados. Nos fundos havia pessegueiro, mamoeiro, pitangueira. Partindo do portão de entrada, acompanhando a casa, encontrava-se uma parreira, em caramanchão com uvas moscatel, rosa e branca, ladeada por canteiros com folhagens. Também enfeitava o pátio, o manacá, que nós, no sul, chamamos de primavera. E eu ficava achando lindo que minha querida prima Vera, tivesse uma flor com o nome dela e uma estação do ano também.

Este pátio e o chalé de madeira pintado de cor-de-rosa com janelas e portas de marrons, sem dúvidas, são minha referência primeira para entender coisas do mundo, da natureza, o jeito e lugar das pessoas. Também o é a rua Esperança, atualmente Miguel Tostes. Cresci brincando, de manhã, no pátio. E durante os fins de tarde e noites de verão, na calçada com a criançada vizinha, enquanto os adultos conversavam sentados na frente das casas.

Minha mãe, meu tio Paulo, irmão dela, a prima Santa e meninos mais velhos, vizinhos da mesma quadra, ensinavam às crianças pequenas brincadeiras como "brincar de anel", "de roda", "rei ou rainha", "Seu João das calças brancas", "sapata", "ó bíbora da cruz" (já adulta descobri que se tratava de uma víbora!).

Cresci ouvindo histórias, do arco-da-velha, dos santos e da vida de Jesus, dos parentes, da família, dos vizinhos: "A vovó Carola, a tua bisa, era uma linda negra mina, fazia doces como ninguém para os casamentos e festas da vizinhança. Confeccionava cestinhas coloridas com papel crepom e enchia de doces, para vender nas festas do Divino e dos Navegantes. Rapazes compravam as cestinhas para oferecer às noivas e pretendidas". "O Joaquim, filho da vizinha Adelaide, comprou o primeiro rádio da rua. Anoitecia, ele punha o rádio na janela, e o povo vinha chegando para ouvir e comentar". "A tia Marica já viajou muito. Ela trabalhava com uma família rica, fazia de tudo, cozinhava, costurava. Eles precisavam do trabalho dela, então, quando viajavam, ela ia também: Rio de Janeiro, Suíça, Inglaterra".

Fui criada indo às festas que reuniam as famílias antigas dos negros. Os bisavós frequentaram, os avós, os pais, os filhos; todos, a cada ano, lá estavam. Não faltavam à festa dos Navegantes, que se constituía da missa na igreja do Rosário, da procissão aquática com a imagem portuguesa de Nossa Senhora dos Navegantes, do almoço nas barracas, e da tradição de comer melancia. Não deixavam também de ir à festa do Divino – a novena, a procissão, a visita à barraca de prendas. A Irmandade do Divino, formada somente de homens, levava a cada ano a bandeira do Divino pela cidade, para visitar as casas dos devotos. E o carnaval também fazia parte dessas festas. Em nossa rua tinha um coreto. O Seu Gustavo coordenava tudo. As mulheres cortavam as bandeirinhas. E todos os blocos visitavam a Colônia e o nosso coreto.

Livros e aulas também compuseram minha infância. Minha mãe era professora da rede pública estadual, trabalhou 41 anos com ardor e vontade. Em 1988, foi a primeira professora negra a receber o título de Professora Emérita do Estado do Rio Grande do Sul. Viúva cedo, dava aulas particulares para complementar o salário. Numa peça grande, onde ficava a cristaleira de minha avó, o armário de livros, minha mãe dava aulas para alunos do primário e do ginásio que tinham dificuldades. Os alunos e alunas sentavam-se ao redor de uma mesa grande coberta por uma toalha comprida e grossa. À tarde, vinham as crianças do primário e os meninos e meninas do ginásio. À noite era a vez das empregadas domésticas que não sabiam ler ou não haviam completado o primário. Algumas queriam prestar concurso público, outras fazer exame de admissão ao ginásio. Durante o dia, eu mal me aproximava da mesa. À noite, as alunas me chamavam para conversar. E quando a aula começava, eu deslizava para baixo da mesa. Assim aos quatro anos, para orgulho dos adultos, eu sabia conjugar verbo, ou melhor, repetir o que ouvia dizerem muitas vezes. Gostavam de me ouvir e riam muito, quando em vez de vós, eu dizia "avó".

Olhando ao redor da mesa das aulas particulares, fui sendo introduzida na diversidade da sociedade. Constatei que havia pessoas com mais ou menos dinheiro. Minha mãe cobrava menos pelas aulas da filha da merendeira da escola do que pelas da menina do pediatra. Compreendi que algumas crianças tinham dificuldade para aprender. Observei que quem aprendia mais devagar era um menino que os adultos diziam ser mongoloide. Fui vendo que muita gente grande não tinha podido estudar na idade própria. Às vezes minha mãe saía para dar aulas na casa de alunos, eram os mais ricos; alguns tinham deficiências sérias, naquela época as famílias não os tiravam de casa.

Manuseei livros sempre. Em meu aniversário, amigos traziam livros, é claro que brinquedos também. Minha madrinha Wanda e meu padrinho Sarmanho me presentearam com as fábulas de Esopo, num livro em que as ilustrações se armavam como um cenário. Minha mãe providenciava revistas infantis que eram emprestadas para meus amigos da vizinhança. Líamos *Tico-Tico*, *Tiquinho*, *Cirandinha*, *Pato Donald*, *Cacique*, até mesmo *Biliken*, uma revista infantil argentina que se encontrava na banca de revistas da Galeria Chaves. Já no ginásio, quando acabava a época dos exames, em junho e em dezembro, sempre havia um livro novo esperando para ser lido. Era como um prêmio!

Aos seis anos e meio, a tão esperada escola. O Grupo Escolar Uruguai, na mesma rua onde eu morava. Pela primeira vez, saía sozinha. Andava três quadras até a escola que, conforme seu hino, "indicava o caminho da luz" e trazia (e ainda traz) um "nome sobranceiro, homenagem a um povo heroico e irmão". Naquela "casa se honrava (e ainda se honra) o Brasil, exaltando o valente Uruguai". Ali "venerávamos a Deus nosso Pai, trabalhávamos pelo Brasil e conhecíamos o altivo Uruguai". Éramos exortados a seguir "avante, com fé, a estudar sob o céu do Cruzeiro". E prometíamos ser "filhos dignos da Pátria, encontrando no alfabeto as armas para lutar com valor."

Assim, àquelas referências da casa, da rua Esperança, dos livros e revistinhas, se ajuntavam as da escola, estas alertando que se estudava para lutar, embora não se soubesse muito bem contra o quê, a favor do quê.

Vieram as professoras que foram deixando sinais de sua passagem por minha vida. Dona Maria Veleda, aos 60 anos de idade, alfabetizava como ninguém, diziam suas colegas e as mães dos alunos. Estes não podiam ter apontador de lápis, quando quebrava a ponta, tinham de ir até a mesa da Dona Maria. Ela então aproveitava, hoje sei, para dar atendimento diferenciado aos alunos. Apontando meus lápis, lia textos um pouco mais longos dos que estavam na cartilha. Assim fui introduzida, dei-me conta muito mais tarde, à *Seleta em Prosa e Verso* de Clemente Pinto, livro de leitura de muitas gerações de mulheres e homens gaúchos, coletânea com textos de diversos autores, entre eles, Camões, Machado de Assis, Tomás Antônio Gonzaga, Casimiro de Abreu. Minhas avós materna e paterna também estudaram na Seleta, o que era raridade entre mulheres negras nascidas lá nos anos 1880. Estudar no mesmo livro que minhas avós, sempre me orgulhou.

Depois veio Dona Maria Bina, que ensinou que a princesa Isabel, tendo abolido a escravidão no Brasil, perdera um trono na terra, mas ganhara um no céu. Ela promovia aos sábados, concurso de declamação. Quem declamasse os versinhos que obtivessem mais votos da classe ganhava um livro de histórias. No terceiro ano, a professora Dona Albertina fez um concurso de substantivos coletivos, ganhamos primeiro e segundo lugar eu e a colega Rejane. Contei exultante a minha mãe, que perguntou: "A mãe dela também é professora?" Respondi que sim. Então ela me disse: "Vocês só ganharam porque nós dissemos a vocês muitos coletivos, as outras crianças não tinham quem ditasse para elas. Esse concurso não vale!" Desta forma, fui alertada pela primeira vez para este fato: quem recebe mais oportunidade de obter conhecimentos não tem mais mérito do que os não atingidos por esses privilégios.

Quarto ano, a professora Dona Luci, que fora colega de minha mãe na Escola Complementar, começou a ensinar coisas complicadas como frações, área e perímetro, análise sintática. E exigia leituras, levava-nos semanalmente à biblioteca para retirada e devolução de livros. Finalmente, o quinto ano, com Dona Ceci, magra, alta, sempre de preto, pois falecera o esposo, e muito exigente. Sua missão era preparar para o exame de admissão ao ginásio.

Os colegas de escola moravam no bairro ou proximidades, a diretora Dona Jovita, também, assim como muitas professoras e funcionárias. Diferente seria frequentar o Instituto de Educação, escola onde estudara minha mãe, escola pública padrão, que formava meninas no Ginásio e moças no Normal. Quando realizei as provas do exame de admissão já havia decidido que seria professora. Meu destino era o Normal, por gosto e por convencimento: "Moça pobre é bom começar fazendo o Normal". Sabia que nós éramos pobres e que havia pessoas muito mais pobres, designadas como miseráveis.

O previsto mudou, embora tenha sido aprovada no exame de admissão do IE, o Instituto de Educação. No mês de fevereiro, estávamos em 1954, antes do início das aulas minha mãe foi chamada para uma reunião no IE. Lá, Dona Graciema Pacheco, Dona Isolda H. Paes e Dona Elita Copstein anunciaram que estava sendo criado o

Colégio de Aplicação da Faculdade de Filosofia da URGS. Seria uma escola nova, diferente, os professores escolhidos a dedo por Dona Graciema, muito respeitada por seus conhecimentos e formadora de professores para o ginásio. Haviam escolhido, para constituir a nova escola, meninas aprovadas no exame de admissão do IE e meninos aprovados no do Julinho,[2] escola pública padrão para os meninos. Todos com notas similares e mesma faixa etária, 11 anos. Minha mãe ficou inquieta, pediu todas as informações.

Em casa, me pôs a par das vantagens de estudar no IE ou no novo colégio, inclusive o fato de já se saber que o primeiro era muito bom e, quanto ao novo, só se saberia depois que começasse a funcionar. Concluiu dizendo que eu pensasse bem e depois lhe dissesse o que eu havia escolhido. Por mais que me esforce, não consigo saber por que escolhi o Aplicação.

Éramos trinta alunos, a maioria meninas, três das quais negras, na primeira turma do Aplicação. Éramos incentivados a ler, buscar, levantar hipóteses. Na segunda série do ginásio líamos no original, com ajuda da professora, é claro, e encenávamos fábulas de La Fontaine. Na terceira série, nas aulas de Português, líamos tragédias gregas, não em textos facilitados e aprendemos a fazer dissertações. Concluído o ginásio, prossegui no Clássico, no mesmo Colégio de Aplicação. Aprendemos a fazer crítica literária, roteiro para filmes, e aperfeiçoamos as dissertações e também, como não

[2] Escola Estadual Júlio de Castilhos.

poderia deixar de ser, Matemática e ciências naturais. O Aplicação nos proporcionava conviver com professores da Faculdade de Filosofia, alguns deles nossos professores, e, ao frequentar a biblioteca da própria faculdade, cruzávamos com importantes estudiosos: Padre Balduíno Rambo, das ciências da natureza, Professor Paleika, eminente conhecedor das letras e literatura grega, Professor Ernani Maria Fiori, da Filosofia e Professora Nora Thielen, das Letras Anglo-Germânicas.

Meu gosto pelas línguas levou minha mãe a filiar-se ao Instituto Cultural Brasileiro Norte-Americano, onde fiz todo o curso de inglês. O Aplicação cultivava em nós espírito de independência, gosto pelo inovador, vontade de fazer coisas diferentes e enfrentar desafios. Isto reforçava o que eu ia recebendo em casa. No terceiro ano primário ganhara um dicionário da Língua Portuguesa, desde então minha mãe não me explicou mais o significado das palavras que eu desconhecia, a não ser quando, e não foram poucas as vezes, eu não entendia a explicação do verbete. Ela insistia sempre que trabalho era para a gente fazer do jeito próprio, mesmo que fosse diferente do de outros. Cópias não lhe agradavam.

Nos estudos no Aplicação, nosso povo negro somente aparecia quando se tratava de tráfico de escravizados e abolição da escravatura. Atenta, sempre que havia trabalho livre, minha mãe providenciava para que eu tratasse de temas relativos a nosso povo negro. É assim que, na segunda série do ginásio, orientada por ela, li pela primeira vez trechos de *O negro no Brasil*, de Arthur Ramos.

O Aplicação oferecia as referências intelectuais, o gosto pelo erudito; a família contrabalançava, mostrava que tudo isto tinha sentido, se não servisse para afastar dos amigos e parentes com pouco estudo. Minha mãe alertava que, se nem todos estudavam, liam autores consagrados, iam a concertos e teatros, não era por desleixo, falta de interesse, ou por só gostar de samba, mas havia condições diferentes de oportunidades. Muito mais tarde entendi o que queria dizer com a afirmação: "O estudo não pode nos afastar de nossa gente".

Enquanto no primário bom número de meus colegas eram meninas e meninos negros, no Aplicação durante o ginásio fomos três negras, Rebeca, Neuza Helena e eu. Do colegial em diante, nas classes em que cursei, eu não tive mais – o que em família lamentávamos – companheiros negros. "Ainda são poucos os negros que continuam estudando", afligia-se a prima Santa.

Capítulo II

Fontes e caminhos

Fui encontrando fontes e abrindo meus caminhos, numa formação escolar marcadamente de raiz europeia, e familiar, negra. Fiz vestibular para Letras Neolatinas na Faculdade de Filosofia da URGS, onde colei grau em 1964 em Letras – Português e Francês. Línguas e culturas neolatinas povoaram meu universo durante quatro anos, alimentando meu desejo de ser professora de Português e de Francês.

Nessa época, ainda me sentia convencida de que os conhecimentos mais consistentes produzidos pela humanidade eram de raiz europeia, tinha quase certeza de que a Grécia, a Itália, a França eram o legítimo berço da civilização. Até entendia que houvesse civilizações outras, mas não tão competentes quanto a europeia. Meus estudos na universidade, nesse período, me forneceram elementos para entender como se construíra "a civilização" e também as pistas para, mais tarde, fazer-lhe a crítica. Certamente esta narrativa não conseguirá, com o vigor necessário, mostrar como fui, à medida que crescia intelectual e politicamente, passando da admiração irrestrita ao desafio de ser capaz de explicar que o século das luzes fora possível, porque os europeus conheceram povos de raízes culturais diferentes das suas, os quais, sem parcimônia, lhes deram acesso a seus conhecimentos.

Passemos ao trajeto percorrido na graduação. Já no primeiro semestre de estudo, lemos no original, em italiano do século XII, *Il cantico delle Creature* de São Francisco de Assis. Para quem só conhecia italiano do cinema e das canções, foi uma proeza escrever uma prova, após quatro meses de estudos nesta língua. E como fora educada para não copiar, tinha aprendido que "uma prova era sempre uma oportunidade de aprender e de reorganizar os conhecimentos", como repetia dona Graciema, a diretora do Aplicação, tentei escrever em italiano. E é claro, escrevi em português com palavras italianas. Mas essa experiência dura foi sendo superada, uma vez que as aulas de italiano com os professores Rina e Ângelo Ricci, esposos, durante dois anos foram um deslumbramento. A partir da leitura da *Divina comédia* e das aulas complementares sobre o universo renascentista, tudo ilustrado por *slides* e pelo entusiasmo dos professores, imergimos na arte e no pensamento medieval e renascentista. Renascimento e Idade Média eram períodos da História para os quais as aulas das professoras Elita, no ginásio, e Luzia, no colegial, haviam jogado muito da minha atenção.

As aulas dc Espanhol dos professores Hessel e Lodeiro se desenvolviam entre redações semanais, aulas de espanhol corrente ilustradas com *slides* sobre a Espanha, notadamente monumentos e outras obras como as de El Greco, Picasso. Também leituras *Del*

Quijote, de autores como Unamuno, García Lorca, além das revistas, canções que insistíamos em trazer para sala de aula, e que os professores toleravam, não deixando de mostrar certa contrariedade. Embora localizados na bacia do Prata e, por isso, com fortes raízes comuns com Argentina, Uruguai e também Paraguai, não era objeto de nossos estudos o que ali se produzia, nas aulas de Espanhol. Nosso olhar era dirigido para a Europa.

A França era o fascínio da maioria dos estudantes de Neolatinas. Lemos de canções de amor e de amigo aos então atuais autores, com forte dedicação aos séculos XVI, XVII, XVIII, estudando obras, entre outros, de Montesquieu, Rabelais, Rousseau, Pascal, Voltaire, Racine, Corneille, Molière, Mme. Sévigné. O Século das Luzes nos iluminava tanto que, um dia, um dos professores assustou-se: "Vocês estão falando, como se falava no século XVII, XVIII !" Providência rápida, a tônica passou a ser o século XX, atendendo nossas reiteradas reivindicações de alunos. Passamos a estudar, entre outros, Saint-Exupéry, Camus, Sartre, Mauriac, Simone de Beauvoir, Verlaine, Rimbaud, Baudelaire, Michel Buttor, Appolinaire, Claudel, Malraux. Tinha-se que estudar textos desses autores e apresentar, para toda a classe, o que se chamava "explicação de texto", sob o olhar e o julgamento severo de um dos professores. A cada dois meses, um deles propunha um tema, para elaborarmos uma dissertação. Dissertação, planejamento e disciplina do pensamento, da organização de informações e exemplos, da formulação de julgamentos e conclusões. Era clima de formação francês, numa célula da Faculdade de

Filosofia da URGS, incentivado pelos professores franceses Deffarges e Lacarra, e pelos brasileiros, Maria Lúcia Serrano e Jaime Back, que embora menos assustadores não afrouxavam.

Este rigor gerou frutos. Permitiu-me integrar o corpo de intérpretes que assistiu os atletas universitários participantes da *Universíade*, jogos olímpicos universitários internacionais, realizados em Porto Alegre, em 1963. Traduzi para suíços, belgas, franceses, argelinos, congoleses. E fiz amizade com cubanos, peruanos, sul-africanos. Foram duas semanas de intenso convívio com diversidade linguística, cultural, com diferentes e antagônicas orientações políticas e ideológicas dos países representados, que se expunham nas falas, gestos e comportamentos dos visitantes.

Voltemos às experiências na universidade. Ali, pela primeira vez, vivi uma reforma de ensino, a reforma universitária implantada em 1963, que extinguiu os cursos de Neolatinas, Anglo-Germânicas e Clássicas e criou o curso de Letras, que formava para a licenciatura em Português e uma língua estrangeira. Optei por Francês. Desde que fora admitida no exame vestibular, passei a aprimorar a aprendizagem da língua francesa, complementando estudos na Aliança Francesa, junto à qual obtive o "Diplôme d'Études Françaises" e o "Diplôme Supérieur de Langue et de Littérature Françaises", emitidos pela Faculté des Lettres et des Sciences Humaines de l'Université de Nancy.

O estudo de Língua Portuguesa, na Faculdade, desde o início trouxe-me muitas novidades, como o conceito de certo e de errado em linguagem, a construção da língua ao longo dos séculos, bem como ensinou-me a fazer crítica dos livros didáticos. Foram conceitos e práticas muito úteis para minha carreira docente. Trouxe também, assim como a meus colegas, ansiedade, em razão de não vermos tratados conteúdos que deveríamos futuramente ensinar. Uma lição que ficou, foi a do Professor Rosa, diante da lista de conteúdos que queríamos ver tratados em aula: *Ah! Advérbios. Para que mesmo ensinar advérbios?* Como nos entreolhássemos, sem saber o que responder, ele concluiu: *A principal lição que posso dar a vocês, futuros professores, é a seguinte: se não souberem para que ensinar advérbio ou qualquer outro tópico dos programas escolares, melhor que não tentem, pois não vão mesmo ensinar*, acentuou o "ensinar". Pela primeira vez era instada a me perguntar em que consistia mesmo ensinar e para que ensinar isto ou aquilo.

Das Literaturas de Língua Portuguesa, na época, estudava-se apenas a Brasileira e a Portuguesa. Não havia muitas novidades, pois no curso clássico do Colégio de Aplicação, tínhamos lido e muito, em torno de três obras por mês, durante três anos. No entanto, o Prof. Casado Gomes, de Literatura Portuguesa, a seu jeito, chamou a atenção para – em diferentes momentos históricos – as relações entre poder político, raízes culturais, contestação ao estabelecido e produção literária. Tirava, ele, a literatura do restrito campo da estética, da obra de arte.

O estudo da Literatura Brasileira, nas aulas em que líamos em voz alta excertos de poemas, para depois comentá-los, levou-nos à compreensão de que a criação de um texto, seja de que natureza for, ultrapassa seu autor; de que leitores, com suas leituras, os recriam. Ouvindo certas interpretações expressas nas leituras, sobretudo as feitas por professores, contestávamos, criticávamos: *Não é assim. Ele não quer dizer isto que a senhora está interpretando, com a sua leitura, com a entonação de voz!*

As literaturas também levavam a formular perguntas cujas respostas nunca ficavam fechadas. Por exemplo: O que é arte? Como esta, muitas indagações nos assaltavam, futuros professores: O que é mesmo educação? O que ensinar? Para quê? O que se entende por aprender? Quem decide o que deve ser aprendido? Cada inquietude conduzia a novos questionamentos, e suas respostas fomos, ou não, construindo ao longo da carreira profissional.

Junto com o aprofundamento dos estudos, desenrolava-se a vida universitária em sua dimensão social e política. Aprendíamos a tomar posições, a debater, a questionar, a combater. As palavras do hino do Grupo Escolar Uruguai, que dizia que no "alfabeto encontrávamos as armas para lutar", começavam a tomar sentido.

Naquela época, em virtude da concentração de quase todos os cursos no que hoje constitui o *campus* central da UFRGS, estudantes de diferentes carreiras conviviam desde o ingresso, quando nos meses de março e abril se realizavam as atividades de recepção aos bichos pelos veteranos, entrega do chapéu, olimpíadas, coquetel de recepção pelo Centro Acadêmico, e tudo culminava com a "Parada dos Bichos" que mobilizava a cidade. Num domingo à tarde, em meados de abril, os bichos, auxiliados por seus veteranos, desfilavam pelas ruas centrais de Porto Alegre. Cada curso escolhia o tema social ou político que iria criticar. Então organizavam-se cartazes, carros, produziam-se indumentárias. Os cursos de Letras Neolatinas, Anglo-germânicas e Clássicas, em 1960, escolheram criticar o ensino fundamental. Uma colega se vestiu e se penteou como o faziam as professoras no início do século XX e os demais participantes usaram guarda-pós e o laço ou gravata azul-marinho, uniforme da escola primária. O Grupo se chamava Escolinha da Dona Briza, referindo-se a escolinhas construídas pelo governador Brizola e ao fato de haver contratado grande número de professores não titulados. A festa dos bichos fechava com os bailes, um para cada faculdade.

O chapéu de bicho era um troféu. Durante dois meses tínhamos de usá-lo na universidade, era exigência dos veteranos. Nós o usávamos também no trajeto entre casa e faculdade, assim nos exibíamos felizes, para que todos soubessem que havíamos passado no vestibular. Os chapéus tinham a cor da faculdade cursada. O meu era roxo, cor da Faculdade de Filosofia. Naquele ano de 1961, ingressaram nessa faculdade três mulheres negras: uma no curso de História, outra no de Jornalismo e eu, nas Letras Neolatinas.

Como já disse, o convívio entre os estudantes de diferentes cursos e faculdades era intenso, dada a proximidade dos prédios. Debates e festas eram o extraclasse, já que as horas de biblioteca e os cursos de extensão representavam um prolongamento das aulas. Faziam-se reuniões dançantes e também calorosas assembleias para discutir as eleições nos centros acadêmicos e a política municipal, estadual, nacional. A vida política estudantil era intensa. Data desse período, a grande greve dos estudantes por representação de $^{1}/_{3}$ nos colegiados universitários. Perderam-se aulas e exames do primeiro semestre. Ganhou-se a representação, embora não de um terço. Tivemos o apoio de professores que vinham às assembleias para tentar entender a reivindicação, para poder apoiá-la ou não. Lá estavam Ernani Maria Fiori, Guilhermino César, Gerd Bornheim. Este veio a ser, no ano de 1964, paraninfo dos formandos da Faculdade de Filosofia.

O quanto a presença desses professores fortaleceu nossa luta de estudantes, pôde-se constatar em 1987, quando o Instituto de Filosofia prestou homenagem póstuma a Ernani Maria Fiori, que tivera atuação importante junto aos alunos de todos os cursos, da mesma forma que o Prof. Ângelo Ricci, durante e em situações decorrentes do golpe de Estado de 1964. Estávamos todos lá. E dizíamos: "Gente, é 64 em 87!"

Com professores e colegas fui aprendendo a ser professora, mas não só com eles. É o que veremos a seguir.

Capítulo III

Tornando-me professora

Fui-me educando professora, desde criança, enquanto assistia à minha mãe dar aulas particulares, preencher seus diários de classe, corrigir cadernos, contar sobre a escola onde lecionava, sobre seus alunos, suas colegas, elaborar trabalhos para os cursos que o Centro de Pesquisas e Orientações Educacionais[3] oferecia para os professores. Também ao ouvi-la conversar com amigas – muitas delas professoras – sobre as lidas, dificuldades, baixos salários, pressões e alegrias da profissão.

Eu ia notando que poucas professoras eram negras; entre as amigas próximas de minha mãe, somente Maria Odetti, a primeira visita que recebi ao nascer. Na escola onde cursei o primário eram duas – Dona Aracy, Dona Helenita – nenhuma foi minha professora. Diziam, na escola, que como eram muito habilidosas para trabalhar com crianças com dificuldades, regiam classes de repetentes, como se dizia à época, as quais funcionavam no turno intermediário, das

[3] Órgão da Secretaria de Educação do Rio Grande do Sul.

11:00h às 14:00h. Eu nunca tive uma professora ou um professor negro, do primário ao doutorado.

Sendo, naquela época, poucas as negras professoras, muitas delas se conheciam e teciam laços mais fortes ou mais tênues de amizade, até mesmo como meio de enfrentarem mais facilmente o racismo. Quando se reuniam, contavam em tom jocoso como se livravam das discriminações. Lembro quando Dona Aracy narrou que ia andando pelo centro da cidade e, embora estivesse muito bem vestida, como andavam as professoras, uma mulher branca a fez parar e perguntou se não queria trabalhar como empregada doméstica. Pacientemente, Dona Aracy respondeu que tudo dependeria do salário; aceitaria se recebesse o dobro do que lhe pagavam no emprego atual. Então a proponente quis saber qual era esse valor. Ela mencionou o total de seus vencimentos, o que causou descrença e certa agressividade na proponente. Com ironia ela contestou: "O meu patrão é o Tesouro do Estado, sou professora da rede pública de ensino". Contava indignada, mas não sem dar boas risadas, ao lembrar o espanto e desconforto da mulher branca.

Lembro-me também de situações por elas narradas e que muitas de nós professoras negras e também colegas negros ainda enfrentamos. Mudam as pessoas, a época, o estabelecimento de ensino, mas o fato é o mesmo. Alguém entra na escola, na faculdade onde trabalhamos, em busca de uma professora. Dirige-se a nós, respondemos: "Pois não!" E a pessoa insiste que quer falar com uma professora. Passamos então a pessoa a uma colega branca que se espanta e nos diz: "E por que tu não atendes?"

Também muito ouvi daquelas professoras sobre a preocupação no sentido de que seus alunos negros e negras pudessem ver nelas pontos de identificação e sentissem apoio para vencer dificuldades. Espantava-me ouvi-las dizer que havia aluno negro que achava que, pelo fato de serem professoras, não eram assim tão negras. Aliás, não só os alunos negros: "Professora, tu não és negra, tu és professora".

Assim, eu, espantada, me perguntava: afinal é negro quem eu vejo na cor da pele, quem diz que é negro, ou quem os outros dizem que é negro? Explicito melhor minhas dúvidas: se as professoras negras não eram mais negras, em virtude da profissão, embora a sua pele não houvesse mudado de tom, o que afinal fazia uma pessoa negra ser negra?

Com perguntas como essas na cabeça e no coração, lá pelos dez anos, comecei a dar algumas aulinhas, ensinava o que sabia, para quem queria aprender, por exemplo, escrever cartas enigmáticas com códigos que os Almanaques Infantil e da Juventude ensinavam.

Aos treze anos dei início à alfabetização da Gessi, filha de amigo de infância de minha mãe e de meu tio Paulo; nossas famílias vinham tecendo laços de amizade desde os nossos bisavós, vizinhos na Colônia Africana. Sem me dar conta, nesta experiência ocorria uma troca intercultural. Ela, descendente de espanhóis, belgas e portugueses. Eu, negra, descendente de africanos predominantemente;

mas “em nossa família tem índio, italiano, alemão e português”, dizia o primo Feliciano, somente cinco anos mais novo do que minha avó Affonsina, tia dele.

Já na faculdade, passei, aqui e ali, a dar algumas aulas particulares de Português, Latim, Inglês, Francês. Anos mais tarde, ao entrar num consultório, o médico saiu de trás da mesa, me abraçou, dizendo: “A minha professora particular de Francês! Eu tinha onze anos. Era apaixonado por ti!”

No terceiro ano de faculdade, obtive autorização da Inspetoria Seccional do MEC para lecionar Português, no curso ginasial. Fui contratada por uma escola da Campanha Nacional de Educandários Gratuitos, o Ginásio Comercial Antão de Faria, localizado num bairro distante do centro de Porto Alegre, a Vila Bom Jesus. Dava aulas à noite. Fui professora de todos, numa mesma sala, meninos e meninas de 12 anos e também de seus pais, de jovens de 16 anos que trabalhavam duramente durante o dia e às vezes dormiam nas aulas, de senhores de mais de 40 anos, de jovens mulheres que pelas mais diversas razões não haviam cursado o ginásio na adolescência. Creio não precisar dizer que sua maioria era negra. Comecei a vida profissional num ambiente de pura diversidade, de relações étnico-raciais, de gênero e entre gerações, numa mesma sala de aula.

Éramos quase todos professores iniciantes, naquela escola que se inaugurava. Duas professoras negras, Zizelda e eu. Minha mãe me dava dicas: “Aluno incomoda, quando fica parado, tens que ter sempre muitos exercícios e atividades preparadas. Acaba uma, começa outra". "Aula tem começo, meio e fim. Quem começa e termina a aula é o professor, quando cumprimenta ao chegar e se despede ao sair".

No final do ano letivo, tivemos a ideia de, no ano seguinte, formar classes exclusivas de alunos reprovados e outras de aprovados. Minha mãe alertou: "Isso não se faz! Prejudica todo mundo! Uns ajudam os outros. Os que têm dificuldade, ao ver os outros avançar, muitas vezes se sentem encorajados. Os outros, orgulhosos quando podem auxiliar o colega a entender o que o professor não conseguiu explicar". Ela ajudava mais ainda, me substituía, quando tinha apresentação do Coral Sinfônico da URGS, do qual participava desde o primeiro ano de faculdade.

A experiência de lecionar pela primeira vez e em escolas noturnas, em bairros populares, levava-nos, colegas do terceiro ano de Letras, a trocar ideias, textos, propostas de trabalho, até mesmo a realizar curso destinado a pessoas sem formação para docência, que lecionavam em escolas de regiões de difícil acesso e deviam passar por exames de proficiência, a fim de obter licença para lecionar. Também eram objeto de nossas conversas as condições de estudo de nossos alunos, e, com a intenção de melhor conhecê-las, realizamos em grupo, quando a disciplina Psicologia da Educação determinou, um trabalho de pesquisa de fôlego. Formulamos e desenvolvemos uma investigação sobre as possibilidades e dificuldades de êxito escolar entre alunos do curso noturno, em escolas da periferia urbana. O Professor Oscar Machado, responsável pela disciplina, considerou nosso trabalho inovador. A partir dessa primeira experiência, comecei a me interessar porque pesquisas poderiam me levar a aperfeiçoar o trabalho docente.

Em 1964, último ano de Faculdade, cursamos Didática e Práticas de Ensino, e realizamos estágio supervisionado no Colégio de Aplicação, o mesmo onde eu estudara. Os estágios deveriam durar, no mínimo, um mês. Eu fiz estágios avançados, ou seja, de mais longa duração. A Professora Iolanda Dipe, de Prática de Ensino de Francês, que fora minha professora no Aplicação, convidou-me, no início do ano, para assumir uma turma de 10 alunos e desenvolver experiência pedagógica durante o ano letivo. Aceitei. Como eram poucos os alunos, as aulas aconteciam onde houvesse espaço livre: a sala dos professores, a biblioteca, o pátio e até mesmo algum recanto do Parque da Redenção, vizinho à escola. Os alunos eram alegres e nos divertíamos muito, cantando, repetindo diálogos e conversando em francês. Também a Professora Isolda Holmer Paes, professora de Prática de Ensino em Português, propôs que, juntamente com as colegas e amigas Adelaide T. Pergher e Maria da Piedade Guerreiro, realizássemos estágio avançado de dois meses, junto à segunda série ginasial do Aplicação, acompanhadas pela professora titular da classe.

Em 1965, já diplomada, fui contratada para lecionar Francês no Colégio de Aplicação da URGS, onde permaneci até 1977. No mesmo ano comecei a trabalhar no Colégio Sévigné, escola de confissão católica da rede particular, fundada em 1900, para atender moças das classes altas do meio urbano e rural. Os fundadores do

Colégio Sévigné eram franceses e mais tarde passaram a responsabilidade da escola para religiosas católicas, Irmãs de São José de Chambery, ordem religiosa francesa. Escola tradicional em Porto Alegre, o Colégio Sévigné atendia e ainda atende classes da Educação Infantil ao Ensino Médio. À época era muito respeitada a formação oferecida no nível Normal, depois Habilitação Magistério, mais recentemente criou-se o Instituto Normal Superior. Lecionei, nos primeiros anos, Português e, mais tarde, Francês. Lá permaneci por 17 anos, primeiramente como professora, mais tarde também como coordenadora pedagógica.

No Aplicação, enquanto lá fui professora, somente mais duas colegas, também professoras de Francês, eram negras: a Tânia Affonsina e a Maria Heonisa. No Sévigné, fomos três: Elvira, Abrilina e eu. A presença de professoras e professores negros nos estabelecimentos de ensino não se ampliara, comparativamente aos meus tempos de criança.

Também em 1965, ingressei na rede pública de ensino. Fui contratada para lecionar Português no Ginásio Estadual Souza Lobo, recém-criado. A escola localizava-se em bairro antigo, de classe trabalhadora, funcionava no turno vespertino. No ano seguinte, submeti-me à seleção para o quadro de professores do Colégio Estadual Júlio de Castilhos, o "Julinho", escola padrão do estado. Muitos de seus professores também lecionavam na URGS. Para ingresso nessa escola, era preciso submeter-se a concurso interno, os aprovados sendo encaminhados à Secretaria de Educação para contratação. Fiz concurso para as cadeiras de Português e de Francês, fui classificada em sexto lugar nas duas. Tendo sido chamada para assumir, escolhi lecionar Português. O "Julinho" recebia, e ainda recebe, alunos de diferentes bairros da cidade.

Via-me, desde o início da carreira, atuando com alunos oriundos de diferentes contextos sociais, culturais, étnico-raciais, em escola particular e escolas públicas. Ainda quando aluna do Aplicação, aprendera que, para situações novas, soluções novas; para situações diferentes, soluções diferentes. Isto foi muito útil, para eu saber que tinha de encontrar caminhos diferentes, para que todos os alunos, ou o maior número possível fosse bem sucedido. Para isso, muito me ajudaram colegas mais experientes, como a Lila, a Lydia, a Irmã Jeanne, religiosa de São José de Chambery.

No Souza Lobo não tive colegas negros. Já no "Julinho" tive a alegria de conviver, ainda que não por muito tempo, em virtude de aposentadoria do primeiro e falecimento do segundo, com os Professores José Maria Rodrigues e Gilberto Gonçalves, o primeiro de Biologia, o segundo de Química. O Professor José Maria, que fora amigo de meu tio Paulo, era forte referência para nós, jovens negros. Iniciara, menino, como bedel no Instituto de História Natural da URGS e se tornara professor da casa. O Gilberto, mais jovem, também muito respeitado, era visto por nós com orgulho. Lembro-me deles sempre de terno, quando iam dar aulas, muito acolhedores e sorridentes para mim e Ilka, a outra colega negra, transmitiam alegria e fortaleza.

Em 1972, abriu concurso público para a rede estadual de ensino, fui classificada em 42° lugar em Português, permaneci lecionando no Colégio Estadual Júlio de Castilhos. Classificada em 1° lugar em Francês, escolhi lecionar no Colégio Estadual Inácio Montanha. No mesmo ano, a convite da Professora Maria Neith S. Osório, diretora do Colégio Estadual Cândido José de Godói, transferi-me para esta escola, a fim de exercer a função de coordenadora pedagógica. Ali fui posta à prova, desta vez de maneira mais contundente com a diversidade na sala de aula. A primeira, fora lá no Antão de Farias, mas, naquela experiência, todos os alunos eram oriundos de um mesmo bairro, se conheciam e não havia grandes discrepâncias de classe social.

No Godói, onde negros éramos eu, o Oliveira, a Maria do Carmo e a Isabel, exercia a função de coordenadora pedagógica, justo no ano em que se dava início à implantação de novas diretrizes e bases para a Educação Nacional, por meio da Lei nº 5.692/1972, que determinou a extinção dos exames de admissão ao ginásio, obrigando as escolas secundárias a abrirem suas portas para a população que, até então, não chegava aos bancos do curso ginasial. Mais adiante, volto a esta significativa experiência.

Também em 1972, assumi a primeira função no Ensino Superior, como professora horista, para lecionar a disciplina Língua Portuguesa: Habilidades de Linguagem Escrita – Redação Técnica, no Primeiro Ciclo da Universidade Federal do Rio Grande do Sul, atividade que desempenhei até 1976. Em 1974, comecei a lecionar

Metodologia do Trabalho Científico, no curso de Letras do Instituto de Letras da Pontifícia Universidade Católica do Rio Grande do Sul.

Na PUC/RS, também fui docente de um curso de especialização em Supervisão Escolar e iniciei o trabalho de orientadora de dissertações e teses, dando aulas no Programa de Pós-Graduação em Educação. Em 1989, após prestar concurso para o Departamento de Metodologia de Ensino da Universidade Federal de São Carlos – UFSCar, transferi-me para esta universidade.

Na UFSCar venho atuando como pesquisadora e docente no curso de Pedagogia, no Programa de Pós-Graduação em Educação e em cursos de extensão universitária, estes em sua maioria promovidos pelo Núcleo de Estudos Afro-Brasileiros. Em 2006, submeti-me a concurso público para professora titular em *Ensino Aprendizagem – Relações Étnico-raciais* e fui aprovada com média 9,95. O presente origina-se do memorial que escrevi para atender a requisito de inscrição no referido concurso.

Na Federal, assim em São Carlos se refere à UFSCar, tenho tido a oportunidade de ir encontrando ao lado de colegas professores, tanto universitários como de outros níveis do sistema de ensino, e também de estudantes, respostas para a indagação que desde o início da carreira me acompanha: como tornar meu trabalho docente, as pesquisas que desenvolvo, realizações efetivas para o povo negro e para o fortalecimento de todos nós professores?

Muitas são as incertezas, as decepções com aparentes aliados infelizmente não são raras, mas também não falta apoio, solidariedade e "arregaçar de mangas" de pessoas negras e não negras que lutam por uma sociedade justa para todos.

O mito da democracia racial é tão eficaz, a ponto de muitos brancos perguntarem-se como puderam viver em meio de desigualdades e injustiças, sem perceber. Tão cruel, a ponto de negros acusarem outros negros de preguiça e falta de interesse em vencer as desigualdades em que vivem, como se fosse escolha destes ficar à margem. Tão desumano, a ponto de persuadir negros de tez mais clara a identificarem-se como brancos e lutarem contra o racismo como se não fosse assunto seu, mas de pessoas com quem se solidarizam. Alguns até mesmo confessam que o fazem para assim sofrer menos.

Tais sentimentos e percepções geram posturas éticas ou não éticas. Alguns fingem-se solidários à causa dos negros, como costumam dizer, quando isso lhes convém para formar prestígio acadêmico ou político, receber recursos para projetos de pesquisa, ou parecerem democráticos. Como se vê, o militante negro, além de outros que lutam, por exemplo, pela igualdade de gêneros, pelo respeito e reconhecimento dos povos indígenas, pelos direitos de deficientes, crianças, idosos, anda por terrenos movediços.

Certa vez, um aluno do Mestrado me disse: "O ano passado eu me matriculei na sua disciplina e tranquei, não vim a uma única aula, porque um colega seu, professor, assim me aconselhou: 'Ela só fala de negros!' Esse ano não teve jeito, a sua disciplina é obrigatória. Vim e aprendi que a senhora fala dos negros e de tanta outra coisa que nos ajuda a pensar a sociedade brasileira. Cuidado com seu colega, ele é racista!"

Apesar das manifestações explícitas e implícitas de discriminações, o apoio da família, do Movimento Negro, dos amigos, de pessoas solidárias, ajuda a superar apreensões e incertezas e a avançar.

Um sinal de que estava conseguindo responder àquela pergunta que mencionei acima, como um prêmio, veio das palavras de uma professora, que após ouvir palestra por mim proferida em congresso da APEOESP[4] e participar do debate, manifestou: "Você é universitária, pesquisadora, contudo fala como a gente, professoras das crianças, dos adolescentes."

Outros sinais vão sendo dados por colegas e alunos. Particularmente honrada fui, quando em 2001, na semana da Consciência Negra, a Câmara Municipal de São Carlos conferiu-me Diploma Público em reconhecimento aos relevantes serviços prestados na área da Educação.

---

[4] Sindicato dos Professores do Ensino Oficial do Estado de São Paulo.

Capítulo IV

As salas de aula vêm sendo universos que se abrem para outros

Os professores do Colégio de Aplicação da UFRGS, nos tempos em que lá fui professora de Francês, eram incentivados a desenvolver experiências pedagógicas, a fazer o controle sistemático e registrá-las. Juntamente com a Heloisa Baethgen, que lecionava alemão, desenvolvemos uma programação para segunda língua estrangeira, que proporcionou a alunos das terceira e quarta séries do curso ginasial bom desempenho de linguagem oral e de leitura, com estudos desenvolvidos durante dois anos. Estas experiências eram objeto de estudos dos alunos da licenciatura em Letras, o que nos levava, professores do Aplicação, a fazer apresentações para licenciandos e a assumir algumas aulas de Prática de Ensino. Também, cabia-nos acompanhar e orientar os estudantes de Letras que faziam estágio em nossas classes. Assim, posso dizer que, desde o início da carreira e de maneira articulada, vi-me com responsabilidade de ensinar, acompanhar, avaliar alunos dos cursos ginasial, colegial e também futuros professores.

Tanto num caso como no outro, o ensinar e o avaliar o aprendido e também a eficácia dos métodos de ensino, como se dizia à época, era central. Focalizava-se mais o ensinar do que o aprender, as particularidades do ato de aprender, próprias a cada aluno, não eram objeto de preocupação. Queria-se verificar se o ensinado podia ser repetido. Na época, os métodos audiovisuais de ensino de línguas estrangeiras valiam-se de diálogos básicos que eram memorizados e de exercícios estruturais que visavam a fixar estruturas mais comuns, tanto da língua falada como da escrita.

Todo este clima permitiu duas observações, em meu entender, fundamentais para minha atuação como professora. A primeira, constatada quando pedia aos alunos, que o quisessem, para ocuparem o lugar da professora. Observei que eles faziam entonações de voz, o que de certa forma era esperado na aprendizagem da língua estrangeira, o mais parecido possível com a minha. Mais ainda, deslocavam-se pela sala e exibiam imagens que compunham o conjunto de materiais visuais, com gestos muito semelhantes aos meus. Enfim, via-me num espelho e dava-me conta do quanto os alunos me imitavam. Fiquei bastante preocupada: como ensinar sem constranger apenas a cópias?

Outra observação que fiz naquelas aulas de Francês, esta muito animadora, mostrou-me que a repetição de uma mesma estrutura linguística, em situações e contextos diversos podia mais do que fixar a construção de frases. Verifiquei isto, quando ocorria de um aluno passar, sem ser provocado por demonstrações ou exercícios, por exemplo, de "*C'est un cahier.*" "*C'est une maison.*" a "*C'est qui?*" "*C'est moi!*".

Com estas observações que ia fazendo no dia-a-dia das aulas, foi se delineando o eixo em torno do qual gravita minha atenção, seja no campo didático ou no científico: processos de ensinar e seus resultados, processos de aprender.

As experiências desenvolvidas no Colégio de Aplicação, à época visto como escola experimental, e também no Colégio Sévigné, escola muito bem conceituada que se dedicava à educação de meninas e moças da classe média, puderam ser ampliadas na escola pública, nos turnos diurno e noturno, e com turmas de alunos significativamente mais numerosas. Enquanto naqueles estabelecimentos trabalhava com grupos de 25 a 35 alunos, no Inácio Montanha, eram em torno de 50. Juntamente com outras colegas dedicadas ao ensino do Francês – muito especialmente Denakir Campos, Leci Barbisan, Maria Carvalhal – fomos inventando novos meios e recriando procedimentos mais apropriados para turmas numerosas.

Êxitos e dificuldades de experiências de ensinar Francês eram apresentados e discutidos em reuniões da Associação dos Professores de Francês, assim como em cursos promovidos por esta associação, pela Secretaria de Educação do Estado do Rio Grande do Sul e pelo Bureau d'Orientation Pédagogique do Serviço Cultural do Consulado Geral da França em Porto Alegre.

Todas estas possibilidades incentivaram-me a elaborar, em coautoria com a colega Tânia Carvalhal e com o adido cultural do

Consulado da França em Porto Alegre, Jean Claude Tabet, um método para o ensino de Francês, livro texto e imagens para serem usados em quadro de feltro.[5] Para tanto, contamos com a colaboração dos Centres Pédagogiques de Français do Recife e de Porto Alegre, do Centre de Linguistique Appliquée da PUC/RS.

A observação relativa ao ensino de Francês que, anteriormente, qualifiquei como animadora, incentivou-me a aplicar ao ensino de Língua Portuguesa os exercícios estruturais. Arrisquei a primeira experiência, na aula para classe do curso colegial, durante concurso para segundo cargo como professora da Cadeira de Português do Colégio Estadual Júlio de Castilhos. O êxito permitiu-me ser classificada em primeiro lugar. Juntamente com as colegas Lia Marquardt e Lyris Wiedmann fomos adaptando, aperfeiçoando esse tipo de exercício para o ensino de Português.

Nesta cadeia de intercâmbio e elaborações com colegas, a convite da FEPLAM,[6] em 1976, a Professora Sônia Lichtemberg e eu preparamos publicação sobre *Língua Portuguesa, módulos para o ensino pelo rádio*. Com a Professora Lia Marquardt, atuei como docente em curso preparatório para a realização de exame de suficiência em Língua Portuguesa promovido pela Inspetoria Seccional do MEC em Porto Alegre, bem como, também com ela, elaborei a prova do referido exame.

---

[5] TABET, J. C., SILVA, P. B. G. e, CARVALHAL, T. *Premier niveau de Français*. Porto Alegre: [s.n.], 1966.

[6] Fundação Padre Landell de Moura.

As escolas onde fui professora requisitavam, com maior ou menor intensidade, trabalho conjunto do corpo docente e incentivavam a participação em fóruns de discussões. Assim, em 1969, em colaboração com a colega Elísia Wagner, apresentamos proposta de currículo mínimo para o ensino de Português no curso colegial. Nunca vi um mínimo tão máximo!

O resultado desse trabalho punha-me diante de mais um desafio: o que seria realmente fundamental para ser ensinado em Português, em Francês, disciplinas que me cabiam trabalhar? Nos meios educacionais, achava-se em voga a Taxionomia dos Objetivos Operacionais de Bloom,[7] que indicava habilidades a serem desenvolvidas pelos alunos, por exemplos, a de identificar dados, considerada elementar, a de aplicar os conteúdos estudados, tida como a habilidade mais complexa, indicativa de que o aluno havia de fato aprendido, pois seria capaz de utilizar conhecimentos adquiridos em novas situações.

Mais que tudo, preocupávamo-nos, professores, em como medir o que havia sido aprendido pelos alunos. Para fazer o melhor, organizávamos reuniões, participávamos de cursos promovidos pela Secretaria de Educação, pelas universidades, pela Associação de Educação Cristã. Eu, com a experiência de coordenar conselhos de classe no Aplicação e no Sévigné, vi-me convidada a atuar como coordenadora pedagógica nessa escola e também no Colégio Estadual

[7] BLOOM, B. S. *Taxionomia dos objetivos educacionais:* domínio cognitivo. Porto Alegre: Globo, 1972.

Cândido José de Godói. No exercício da função, propus e participei da elaboração do *Boletim Pedagógico* do Sévigné, escrevi textos avulsos; além disso, proferi, a convite, palestras em outros estabelecimentos de ensino.

Atuando como coordenadora pedagógica, vi-me intensamente implicada na implantação da reforma do sistema de ensino prevista pela Lei nº 5.692/1972, das Diretrizes e Bases da Educação Nacional. Duas grandes problemáticas deviam ser enfrentadas, diante da pretendida democratização da educação do ensino fundamental e da educação profissionalizante em nível médio.

Para as escolas públicas, a abolição dos exames de admissão ao ginásio ampliou o quadro de alunos com o ingresso de meninos e meninas com menos de 14 anos – oriundos de grupos populares – que haviam concluído o primário; no caso das escolas que abrigavam o ensino de segundo grau, o antigo colegial, ampliou-se a implantação obrigatória de cursos profissionalizantes. Para os estabelecimentos privados, não obrigados a acolher a política de democratização de ingresso para as séries finais do primeiro grau, antigo ginásio, ficava a escolha de cursos com a aparência de profissionalizantes, a fim de não prejudicar a preparação para o vestibular.

Com essa reforma, a diversidade que compõe a sociedade se fez de modo contundentemente presente na escola pública brasileira. Isto aturdia a nós, professores, também àqueles que, como eu, se preocupavam com os negros, com os pobres e também com os raros deficientes físicos, cegos e mudos que tinham chegado às nossas classes. Tal preocupação até então se manifestava em ações individuais, compartilhadas com alguns poucos colegas. Faziam-se acordos tácitos entre esses alunos e alguns de seus professores. Mesmo sendo coordenadora pedagógica, não me sentia encorajada a propor uma política institucional explícita. É bem verdade que o regime militar havia inibido de forma contundente toda e qualquer iniciativa fundamentada no pensamento de Paulo Freire, de Ernani Maria Fiori, banidos da própria pátria, ou mesmo nos princípios da Teologia e da Filosofia da Libertação, difundidos pela reunião dos bispos latino-americanos em Medellín, nos anos 1960.

Pois bem, a democratização do ensino secundário, nas escolas públicas, nos fez, professores de alguma forma atentos à problemática da diversidade, o quanto nossas propostas podiam ser ingênuas e inadequadas. Continuávamos planejando para alunos da classe média, utilizando linguagens da classe média para tratar com as classes populares. Lá no Cândido José de Godói, tínhamos, nas mesmas salas de aula, adolescentes e jovens que vinham dos sobrados da redondeza da escola e outros que moravam na vila de pescadores ou em bairros da periferia urbana. Aqueles tinham pelo menos cinco entradas de água (torneiras) em suas casas, diversos destes, um torneirão para quatrocentas famílias. Os cheiros humanos se entrecruzavam quando não abafavam os dos desodorantes. Alguns de nós tentavam integrar-se à nova paisagem das salas de aula, outros, embora com boa vontade, não conseguiam. E avançávamos perplexos, mas não desanimados, alunos e professores.

Divulgavam, então, as Faculdades de Educação e os técnicos das Secretarias de Educação, o entendimento, que aceitávamos e repetíamos, de que o que contava eram os meios e as técnicas de ensino, que deveriam propiciar sobretudo o desenvolvimento do pensamento crítico. Qualquer conteúdo poderia encaixar numa boa técnica. Desenvolviam-se de modo especial as dinâmicas de grupo, abandonavam-se de certa forma os estudos dirigidos, os chamados exercícios de fixação, incentivava-se a criatividade. Não durou muito o entusiasmo pelas técnicas vazias e alguns de nós começamos a fazer a crítica: *Desde quando conteúdo e forma podem ser tratados separadamente?Quem ensina sempre ensina alguma coisa. Qualquer procedimento não é bom para qualquer conteúdo, atitude, valor que se queira ensinar.*

É bom lembrar aqui que a taxionomia de Bloom, anteriormente referida, abordava o que se denominavam três áreas dos processos de aprender – a cognitiva, a afetiva e a psicomotora. A partir desse instrumento de que dispúnhamos, planejávamos nossas aulas, avaliávamos os progressos de nossos alunos, sempre em busca de respostas para nossas críticas e inquietações.

É claro que antigos procedimentos de trabalho não tinham sido totalmente abandonados, tampouco as linguagens. Um dia, no Godói, fomos surpreendidos pela visita de um pai, homem simples, negro, que pediu para falar com a diretora: *Recebi um papel* (tratava-se da ficha de avaliação) *falando da minha filha na escola. Ela me explicou que a nota está boa. Mas tem uma coisa que eu quero reclamar:*

a minha filha é menina de 12 anos muito direita. A diretora interveio dizendo: *Nós sabemos que é uma boa menina, inteligente.* Ao que o pai replicou: *Então por que escreveram que ela dá cria? Ela é menina, não conhece homem.* Era assim que o pai interpretava o item da ficha em que se tinha assinalado "Cria", o que em nosso jargão significava que a menina sabia utilizar com criatividade, em novas situações, o que aprendera.

Tal fato foi decisivo para mostrar o esforço que, como escola, tínhamos de fazer, a fim de interpretar e aplicar os textos legais que, sobretudo, a Associação de Educação Católica divulgava nas reuniões para mantenedores e professores das escolas privadas, estes em sua maioria também atuando na rede pública. Mais do que tudo, essas reuniões permitiam que se percebesse o significado do planejamento na perspectiva da análise de sistemas, que a Secretaria de Educação determinava e os cursos de formação de professores incentivavam.

Professores, começávamos a compreender que o trabalho no dia-a-dia das escolas tinha de ir além do previsto nos regimentos das escolas, nos planos de ensino; precisava abranger muito mais do que uma lista de objetivos, de conteúdos, de procedimentos didáticos, tinha que estar imbricado na realidade social, na realidade vivida pelos alunos e suas famílias. A visão sistêmica que se propagava nos cursos de "reciclagem", de que participávamos, estimulava esta compreensão, além de apontar para a importância de que o que se passasse na escola deveria ser integrado nas análises e decisões do sistema de ensino. Tínhamos a ilusão de que os governos sabiam conduzir a solução dos problemas sociais, educacionais, desde que contassem com as informações e tivessem os instrumentos técnicos necessários.

Com estas compreensões e preocupações, fui designada, enquanto professora do Aplicação, para coordenar a equipe de educação do grupo que prestou serviços no então Território de Rondônia, no quadro de atividades do Projeto Rondon, no verão de 1972. Lá chegando, fui designada pela Divisão Escolar e Cultural do Território, nos termos da Portaria nº 0005-A, de 7 de janeiro de 1972, para fazer parte do Grupo de Trabalho encarregado de elaborar o Plano Territorial de Implantação da Lei nº 5.692/1971, coordenando a Comissão de Recursos. Durante o mês em que me coube permanecer em Rondônia, recebi apoio, principalmente do Professor Lourival, chefe do setor de planejamento, das Professoras Wilmen e Hilda, diretoras de escola pública e privada, da Professora Raimunda, supervisora educacional da Divisão. Criaram, eles, oportunidades para eu conhecer a realidade educacional em Porto Velho e um pouco em Guajará-Mirim, o que me permitiu oferecer sugestões e encaminhamentos para implementação da reforma de ensino em pauta. Infelizmente, o tempo curto de um mês do Projeto Rondon não me permitiu acompanhar todo o processo, embora a equipe tenha-me mantido informada.

Conhecer a realidade educacional de Porto Velho proporcionou-me deparar com uma região onde a diversidade da natureza, da sociedade, das raízes étnico-raciais era intensas. A maior parte das pessoas era indígena, nordestina, negra. Minha presença levou o subdiretor da Divisão de Educação e Cultura, um senhor mestiço bem claro, a exultar, quando me viu: *Até que enfim vem alguém como a gente! Até parecia que só tinha loiros no Rio Grande do Sul!* Ao que respondi: *Infelizmente, embora sejamos 12% da população, muito poucos estamos na universidade, por isso não participamos do Projeto Rondon.*

À época, o território isolado de outros centros tinha lembranças e marcas da construção e não-utilização da ferrovia Madeira-Mamoré, sofria com surtos de malária, quase todos os habitantes de Porto Velho já tinham sido acometidos pela doença e, em algumas circunstâncias, enfrentava autoritarismos. Seus intelectuais tinham personalidades fortes, eram capazes de alinhavar, com sabedoria, contextos diversos, por exemplo, a Diretora da Divisão de Educação e Cultura era também, com igual orgulho e empenho, diretora da mais afamada escola de samba.

O que havia aprendido com minha família sobre o jeito de chegar e se dispor a conhecer lugares e pessoas desconhecidos – a mais ouvir do que falar, a ter todos os sentidos atentos, a não querer exibir a qualquer custo o que se sabe, a mostrá-lo quando solicitado ou quando fosse conveniente ou preciso, a não julgar pela primeira impressão – foi de grande utilidade.

Essa experiência no Território de Rondônia foi chave para as decisões que viria a tomar quanto a prosseguimento de estudos. Com ela e com o que havia aprendido, enquanto coordenadora pedagógica, dirigi-me para o mestrado em planejamento da educação.

Capítulo V

Assim fui me fazendo pesquisadora

O mestrado em Educação, na área de concentração em Planejamento de Sistemas de Ensino, cursado no Programa de Pós-Graduação em Educação da URGS, colocou-me no cerne de problemas técnicos e políticos da educação. Questões como demanda social, democratização da educação, eficiência dos sistemas de ensino avaliada por taxas de aprovação, planejamento de mão-de-obra, soluções educacionais adotadas em outros países, propostas internacionais para a educação de todos abriam-me outros campos de curiosidade e preocupações.

A variedade de problemas que acarretavam as desigualdades era analisada como decorrente de diferenças e choques entre classes sociais. Buscavam-se compreensões e soluções técnicas. Aprendíamos a trabalhar com dados secundários, produzir estatísticas, fazer projeções demográficas, particularmente para a faixa de obrigatoriedade escolar. Discutíamos conceitos como capital humano, mercado de trabalho, desenvolvimento/subdesenvolvimento, sistemas de educação, planejamento da educação e de ofertas de formação para o mercado de trabalho, fluxo de entrada e de saída dos alunos dos sistemas escolares, instalações, equipamentos e recursos humanos para estabelecimentos de ensino. Fazíamos exercícios de simulação de planejamento de sistemas de ensino, sendo desafiados, por exemplo, a conhecer a realidade e necessidades de um município e elaborar um plano para aquele sistema municipal de educação.

Note-se que, à época, mal e mal, discriminavam-se as estatísticas educacionais por sexo, por raça/cor nem se cogitava. O IBGE havia cortado este quesito no censo de 1970. Os indígenas e os negros não eram mencionados, ao se formularem projetos e programas educacionais. Educação indígena ainda não fora objeto de políticas; de remanescentes de quilombos quase não se tinha ideia da existência. Tratava-se pobreza, atraso escolar, considerando a população como uniforme, distinta apenas nos índices de pobreza.

Líamos, entre outros, muitos dos autores que realizavam pesquisas junto ao Instituto Internacional de Planejamento da Educação (IIPE) da UNESCO em Paris e prestavam assessoria em planejamento da educação a países em "vias de desenvolvimento". Em janeiro de 1976, tive oportunidade de visitar o IIPE e resolvi candidatar-me ao estágio em Administração e Planejamento da Educação, para o período 1976-1977. Na época, como trabalhava no Gabinete de Planejamento da Secretaria de Educação do Estado do Rio Grande do Sul, obtive a indicação do secretário, para me inscrever. Fui aceita e recebi uma bolsa de estudos da Comunidade Europeia.

Esse estágio no quadro do curso de mestrado teve o papel dos hoje chamados "estágios-sanduíche". Com ele obtive o título de Especialista em Planejamento e Administração da Educação. No IIEP, intensifiquei as leituras e exercícios do mestrado. Tive chance de conviver e receber orientação, entre outros, dos pesquisadores em planejamento da educação, Ta Ngoc Châu, Gabriel Carron, Jacques Hallak, Claude Tiby e Françoise Caillods. Participei das visitas de estudos para conhecer um sistema centralizado de planejamento e administração da educação – o da França –, um sistema descentralizado – o da Grã-Bretanha – e um sistema socialista: o da hoje extinta República Democrática da Alemanha. E desenvolvi estudo sobre implantação de reformas educativas – *Réfléxions sur le rôle de la planification dans un context de reforme de l'education au Brésil; le cas du Rio Grande do Sul.*[8] Entre as conclusões deste estudo, uma foi básica para a consolidação da dissertação que eu desenvolvia, qual seja, a que apontou a dificuldade de obtenção de dados estatísticos consistentes para que procedesse à integração de duas dimensões do planejamento então enfatizadas no sistema educacional brasileiro: o planejamento financeiro e o global.

O ponto alto do estágio no IIPE foi o convívio profissional e social com os outros 23 colegas oriundos de países, classificados como subdesenvolvidos, da América do Sul e Central, África, Ásia

[8] "Reflexões sobre o papel do planejamento num contexto de reforma da educação no Brasil: o caso do Rio Grande do Sul".

e Europa (Portugal e Bulgária). O intercâmbio com os colegas de continente intensificou meu sentimento de pertencimento à América Latina. Aproximou-me também do jeito de ser e viver de africanos pertencentes a diferentes etnias, inseridos em contextos políticos de antigas colônias da França, Bélgica, Inglaterra e Portugal. Juntos, em conferências e sessões de estudos tensas, denunciávamos a postura paternalista, arrogante, preconceituosa com que alguns professores tratavam os problemas dos "subdesenvolvidos", ou tentavam nos tratar.

Ensaiávamos críticas ao pensamento sistêmico que, de certa forma, buscavam nos impingir, ao depreciar o pensamento e estratégias de planejamento que trazíamos de nossos países. Tentavam nos convencer de que o pensamento sistêmico, por si só, era crítico, além de representar instrumento de transformação. Havia quem acusasse nossos povos de não afeitos a inovações, com dificuldades de aceitá-las em virtude de hábitos, preconceitos, estruturas ou por simples inércia. Não era possível avaliar que desconhecessem as diferenças políticas, regionais, étnico-raciais dos diferentes países que representávamos, pois ali realizavam pesquisas e prestavam assessorias. O certo é que pretendiam nos ensinar soluções mais ou menos uniformes, que deveriam ser adaptadas às diferentes realidades.

As vivências proporcionadas por esse estágio permitiram, de um lado, que eu tivesse a clareza da oposição entre princípios, metas e desejos que marcavam as relações entre Norte e Sul, entre desenvolvidos e subdesenvolvidos. De outro lado, levaram-me a compreender que para planejar a educação em nível macro, como dizíamos, era preciso conhecer e respeitar, no seio de uma mesma sociedade, visões de mundo dos diferentes grupos étnico-raciais, perspectivas políticas diversas, desiguais condições de vida, desigualdades no exercício de direitos. Diante disso, entre minhas preocupações de cidadã e de educadora instalava-se uma questão fundamental: como incluir as particularidades dos povos, dos diferentes grupos sociais, étnico-raciais, no planejamento de uma educação que abrangesse o interesse de todos os cidadãos?

O fato de cursar o Mestrado em Planejamento da Educação, e tendo em vista que minha atuação como coordenadora pedagógica, durante a implantação da Lei nº 5.692/1972, fora avaliada como eficaz pela Delegacia de Ensino sediada em Porto Alegre, recebi, no final de 1975, dois convites que me distinguiram. Um para trabalhar como supervisora na referida Delegacia de Ensino, outro para atuar como assessora técnica do recém-criado Gabinete de Coordenação e Planejamento da Secretaria de Educação do Rio Grande do Sul, presidido pelo Padre José Carlos Nunes SJ e coordenado pela Professora Mestre Hilda Silva.

Optei pelo Gabinete de Planejamento e ali participei da equipe responsabilizada por elaborar o segundo Plano Estadual de Educação do Rio Grande do Sul. Éramos quase todos mestrandos ou especialistas em planejamento educacional. Fizemos múltiplos estudos, conforme havíamos aprendido no PPGE/URGS. Possivelmente, em virtude do estágio no IIPE, coube-me, sempre a partir de análises e discussões com a equipe, redigir o Plano Estadual de Educação do

Rio Grande do Sul 1978-1981[9] e também escrever sobre planejamento educacional no RS.[10]

Na sequência à aprovação do referido plano pelo Conselho Estadual do Rio Grande do Sul, recebi convite para integrar sua assessoria. Ali desempenhei a função de assessora especial junto à Comissão de Planejamento e, mais tarde, a de coordenadora da Assessoria Técnica. Nestas atividades, coube-me, em particular, a realização de estudos relativos à educação no meio rural, o que me levou a visitar escolas em diferentes regiões do estado, participar de seminários sobre a temática e compartilhar informações com pesquisadores na área. Entre estes, destaco a Professora Doutora Cleodes Júlio Ribeiro e o Professor Doutor José Clemente Pozzenato, do Núcleo de Educação Rural da Universidade de Caxias do Sul, que focalizavam, em encontros com professores e nos estudos que realizavam, a memória cultural de localidades de raiz italiana, na serra gaúcha.

Em 1979, apresentei a dissertação de Mestrado, intitulada *Estrutura da Demanda e da Oferta de Dados para o Planejamento Educacional: um estudo de caso.* Esta pesquisa focalizou o desempenho do sistema de informações educacionais da Secretaria de Educação e Cultura/RS (SEC/RS), tendo apontado dificuldades na obtenção de

---

[9] RIO GRANDE DO SUL. Secretaria de Educação e Cultura. *Plano Estadual de Educação 1978-1981.* Porto Alegre, 1978.

[10] SILVA, P. B. G. "Esboço de marco referencial para o planejamento educacional no Rio Grande do Sul". *In:* RIO GRANDE DO SUL. Secretaria da Educação e Cultura. *Planejamento Educacional no Rio Grande do Sul.* Porto Alegre, 1978. p.6-18.

alguns dados consistentes, áreas de maior deficiência, e identificado algumas prováveis causas. Este trabalho foi julgado relevante pela banca examinadora e pelos órgãos da SEC/RS implicados. A realização desta pesquisa dirigiu minha atenção para a escassez de dados e informações sobre os alunos que frequentavam as escolas das redes pública e privada, sobretudo sobre suas especificidades, tais como raça/cor e necessidades especiais.

Para desempenhar as funções de assessora técnica do Conselho Estadual de Educação, muito me vali das experiências anteriores como professora e coordenadora pedagógica em escolas das redes pública e privada. Foram e ainda são notáveis, em minha formação profissional, os anos de trabalho e convívio com colegas, direção e alunas do Colégio Sévigné. Ali, trabalhávamos, professoras, professores e alunas, em colaboração, contando com o apoio das Irmãs Leônidas, Rosa Eugênia, Zita e Dorilda.

Realizávamos sessões de estudos, com a finalidade de interpretar e pôr em prática as normas legais à luz da educação libertadora, nos termos propostos por Paulo Freire. Levávamos, docentes e alunas, muito a sério os argumentos dos autores da Teologia e Filosofia da Libertação que inspiravam a filosofia da escola, notadamente Juan Luís Segundo e Enrique Dussel. Por isso, nos aproximamos do Movimento dos Sem Terra e incentivamos alunas da Habilitação Magistério a realizarem o estágio supervisionado obrigatório em escola de assentamento em Ronda Alta/RS. Tudo com o apoio de algumas das religiosas professoras na escola.

Entretanto, a direção da Congregação das religiosas assustou-se com o rumo das atuações e das reivindicações dos professores e interromperam, em 1983, aquele processo educativo original, construído em busca de educação que fosse libertadora de opressões, de desigualdades, de injustiças, de preconceitos e discriminações e que amadurecera ao longo dos anos 1960-1970.

Cabe aqui um parêntese, para mencionar, embora de passagem, o quanto esta experiência foi dolorosa. E o quanto eram lúcidas as questões-previsões da Irmã Leônidas, estudiosa da Educação Libertadora e incentivadora de experiências junto a escolas, a partir de suas atividades como assessora da Associação de Educação Católica/RS: "Quando começarmos a viver radicalmente a educação libertadora, quando sairmos das denúncias das opressões para a ação, vamos ter coragem de prosseguir? As mantenedoras vão continuar sustentando as experiências?" A decisão da mantenedora do Colégio Sévigné mostrou que não.

Anos mais tarde, já na UFSCar, uma estudante procurou-me para orientar uma dissertação de mestrado que tratou de semelhante experiência – triste e dura – de presenciar, impotente, a destruição de processo político-pedagógico laboriosa e cautelosamente elaborado por professores e alunos. O esforço de Sônia Stella Araújo-Olivera, para avaliar, dez anos passados, a experiência da Escola Tapes, em Montevideo, fortaleceu meu sentimento de pertencimento à América Latina.

As aproximações e semelhanças entre o que viveu a Escola Tapes, em Montevidéu, e o Colégio Sévigné, em Porto Alegre, permitiram que eu compreendesse com mais nitidez que há opressões, lutas, visões de mundo, projetos que nos unem latino-americanos e que precisam ser considerados em planejamentos da educação, normas legais e planos de ensino. Bem sei que este entendimento não é compartilhado por muitos. Um educador, distinto no meio educacional brasileiro, ao ouvir-me a esse respeito, exclamou: *O que nossos irmãos cucarachos têm a nos ensinar?!*

Estas palavras, proferidas por pessoa que teve influência nos rumos da educação brasileira, tornaram muito evidente o quanto tínhamos, meus colegas de trabalho no Sévigné e eu, Sonia Stella e seus companheiros, sido ingênuos em acreditar que uma escola – fosse dirigida à classe média ou mesmo a grupos populares como foi o caso da escola de Tapes – adotaria, de fato e em todas suas consequências, princípios da educação libertadora de Paulo Freire. As experiências das duas escolas, ambas de confissão católica, mostraram que a opção radical pelos pobres feita pela Igreja Católica ainda não foi radicalmente vivida por suas hierarquias.

Fechado o parêntese, voltemos à época em que cursava o Mestrado, sem contar com bolsa de estudos. Então trabalhava tanto no ensino médio como dava aula no curso de Letras da PUC/RS, e ainda encontrava tempo para os estudos do Grupo de Mulheres para Reflexão Teológica, liderado pelas teólogas Maria Mascarello e Maria Augusta Silveira. Discutíamos Teologia e Filosofia da Libertação. Estudávamos as obras de Juan Luís Segundo, Enrique Dussel e Ernani Maria Fiori, entre outros, e sobre elas escrevíamos. A partir destes autores cheguei a James Cone, o teólogo americano negro.

Essas oportunidades de trabalho e de estudo iam ajudando a fortalecer – ao lado de colegas professores negros – Zizelda Souza, Ilka Ritter, Vera Triumpho, Oliveira Silveira, Zenóbia de Deus, Vera Neusa Lopes, Gessi Silveira – propostas ainda tímidas e restritas às nossas salas de aula e ambientes de trabalho.

Em 1983, dirigi-me ao Doutorado, momento em que militância e vida acadêmica passam a ter um único curso. O doutoramento, no PPGE/UFRGS, foi-se constituindo em oportunidade ímpar para desembaraçar conhecimentos até então empreendidos e procurar entrelaçá-los num tecido, o mais documentado possível no estudo da vida e dos livros. Apresentei-me para seleção com um projeto a ser desenvolvido em escolas da periferia urbana, onde se concentravam nossas crianças negras, que pelos mais diferentes motivos, abandonavam os bancos escolares. As experiências de professora e diretora vividas por minha mãe, em escolas do ensino fundamental em bairros da periferia urbana, insistentemente narradas, distinguindo as condições das crianças negras e o que era necessário para fazê-las progredir, foram um dos motivos que levaram a essa escolha.

Aprovada, fui procurar o Professor Doutor Paulo Schütz e tentar convencê-lo a ser meu orientador. Perguntou-me, ele, de saída: *Eu trabalho com educação rural, no que poderei te ajudar?* Respondi que boa parte das pessoas do bairro onde pretendia propor a pesquisa eram oriundas do meio rural. Ele então quis saber quais eram minhas vivências no meio rural, além de visitar escolas como assessora do Conselho Estadual de Educação. Quando descobriu que era nenhuma, afirmou que concordaria em me orientar se eu me dispusesse a começar conhecendo realmente o meio rural, propondo-me a imersão de, pelo menos um mês, sem retornar à cidade, em escola rural situada em localidade de difícil acesso. Concluiu perguntando-me em que região do estado pretendia trabalhar.

Com receio de perder a oportunidade de trabalhar com aquele competente pesquisador, educador sensível, e ao mesmo tempo querendo mostrar segurança, respondi que queria trabalhar na região de Mostardas, localizada na faixa entre o oceano Atlântico e a Lagoa dos Patos. Não foi uma resposta sem base. Sabia que tal região era atravessada pela então chamada "estrada do inferno", areia pura no tempo seco, barro no chuvoso, embora fosse a estrada mais antiga do estado. Ela ligava, em tempos antanhos, o forte de Laguna, em Santa Catarina, ao forte Jesus, Maria, José, hoje cidade do Rio Grande/RS, e também à Colônia do Sacramento em território uruguaio. Era um caminho que vinha fazendo parte da história do litoral gaúcho, desde que os portugueses por ali chegaram e passaram; era uma região rural de difícil acesso.

O projeto de realizar estudo na e com a periferia urbana não foi abandonado, somente adiado. Concretizou-se mais tarde, em São Carlos.

No PPGE da UFRGS, à época, o doutorando, para ser admitido por um orientador, tinha de assumir responsabilidades junto ao grupo de pesquisa e extensão de que participava o orientador. Assim, eu me tornei pesquisadora do Programa de Educação para o Meio

Rural, coordenado pelo Professor Doutor Juan Tijiboy, que viria a ser meu orientador de tese, por falecimento do Paulo. Creio que entre os motivos que levaram o Professor Juan até Palmares do Sul, a meio caminho de Mostardas, contou meu entusiasmo pela região. Sua visita ao município deu início a intercâmbio com a Secretaria de Educação Palmares do Sul, que veio a estabelecer convênio com o Programa de Educação para o Meio Rural/UFRGS, a fim de que se realizassem cursos de formação para seus professores.

Diante disto, tudo ficou mais fácil para cumprir a condição estabelecida, pelo Professor Paulo, de eu realizar estágio em escola do meio rural, afastada de centro urbano. Por indicação da secretária de educação de Palmares, a Professora Penha Azevedo, fui para a Escola Cândido Osório da Rosa, a de mais difícil acesso no município. Esperava, ela, que eu ajudasse a entender por que as professoras não faziam exatamente o que a secretaria propunha: se por resistência, teimosia, enfrentamento, ou se apresentavam alguma dificuldade. Fiquei muito contente com a indicação, pois havia observado, durante a realização dos cursos, um grupo de três professoras negras, que trabalhavam numa mesma escola, e passara a ter curiosidade e interesse em visitá-la.

Fui, então, viver e conviver no Limoeiro, comunidade que descobri, já na primeira visita à escola, constituída, em sua significativa maioria, por negros. Nunca ouvira falar em comunidade de população predominantemente negra no Rio Grande do Sul. A partir desta profunda imersão,[11] com todos os poros abertos, fui construindo as bases de minha postura investigativa e das referências teóricas e metodológicas que vêm orientando meus estudos.

É importante destacar que, ao tecer considerações sobre marco de referência para o planejamento educacional, em trabalho de 1978,[12] achava-se em construção o que vim a designar, mais tarde, como referências teóricas, ou seja, a exposição dos conceitos, informações, argumentos e reflexões que orientam os encaminhamentos metodológicos, a interpretação dos resultados das investigações que realizo, as reflexões e propostas deles decorrentes. Naquele primeiro documento afirmava que *marco teórico é um quadro teórico.* Mais tarde, estudos em Fenomenologia levaram-me à crítica dos termos. Pareceu-me mais fiel ao que tentava expressar, dizer referências teóricas. Enquanto marco ou quadro indicavam demarcação, limite e também sugeriam certa fixidez, referências, no plural, apontavam para sinais que mostram direção.

Mal comparando, como diziam os mais velhos de minha família, quando eu era criança, estes sinais não são muito distintos, uma vez que têm a mesma função dos sinais que aprendi a significar no pátio de minha casa, na calçada na frente da casa e nas ruas do

---

[11] RIO GRANDE DO SUL. Secretaria de Educação e Cultura. *Plano Estadual de Educação 1978-1981*. Porto Alegre, 1978.

[12] Conduziram-me à crítica dos termos os seminários em Filosofia sobre *Experiências naturais, significados e subjetividade*, cursados durante mais de dois anos sob a orientação do Professor Laetus Veit, em companhia das Professoras Nara G. Bernardes, Luzia Garcia de Mello e Rosa Maria Moraes.

bairro, mais tarde na escola, os quais indicavam por onde andar, caminhos a cortar, desviar, com quem me relacionar, prudência para proceder ao afastamento de outros. Enfim, iam apontando por onde andar, dando pistas para o viver e conviver, criticar o visto e o vivido, tomar posição, escolher direção, indignar-me diante de injustiças e combatê-las, aliando-me a/ou afastando-me de pessoas. Estes sinais primeiros, sempre renovados e expandidos por outros, ao longo da vida, vêm me servindo de ponto de partida para novas significações, novos caminhos.

Assim procedendo, cheguei à designação referências teóricas, que foi sendo mais bem explicitada na experiência de pesquisar junto com negros trabalhadores rurais, homens e mulheres do Limoeiro. Vivendo eu, na comunidade, em conversas, trocas de ideias e informações em torno de um bule de café, numa roda de chimarrão, no trabalho decorrente da matança de um porco, na saída da missa, no trabalho diário junto às professoras na escola, foi-me sendo permitido entender que as pessoas daquela comunidade tinham suas referências para decifrar o que lhes ocorria no dia-a-dia. Tinham como que um mapa de compreensões que lhes apontava jeitos de agir e reagir.

Aprendi que significavam todos os espaços por onde transitavam e as relações que mantinham, a partir de suas vivências na casa e no terreiro onde tinham nascido e nos quais continuavam crescendo.[13] Pesquisadora iniciante, durante aquele estágio, vi minha interpretação

---

[13] SILVA, P. B. G. e. *Educação e identidade dos negros trabalhadores rurais do Limoeiro*. 1987. Tese (Doutorado) – PPGE, UFRGS. Porto Alegre, 1987.

apoiada por Ladrière,[14] quando discorre sobre o decifrar os meandros de uma cidade pelos que lá chegam pela primeira vez, decodificando caminhos, edificações, monumentos, maneiras de se relacionarem, a partir do que conhecem de sua cidade natal.

Assim, fui tendo certeza de que referências para conduzir o viver, decifrar o que nos rodeia, se encontram no já vivido, nos conhecimentos construídos no estudo da vida e das ciências. Se pesquisar compõe, junto com outros atos, a vida inteira e íntegra de mulheres e homens que se dedicam às ciências, estes ao formularem referências teóricas para conduzirem suas pesquisas, além de apontar e explanar significados oriundos de conhecimentos produzidos por investigações científicas, introduzem outros que frutificaram no vivido e estão na memória, nos sentimentos, nas percepções, nos entendimentos.

É bom lembrar, ou melhor, é imprescindível não esquecer que, num país notadamente marcado por raízes africanas, como o Brasil, boa parte dos conhecimentos e compreensões oriundos de experiências vividas seja no Continente, seja na Diáspora, fornecem referências para a vida de toda a sociedade. Tais conhecimentos nem sempre se encontram registrados em documentos escritos, todavia estão disponíveis na memória de pessoas e comunidades que os expõem para aqueles em quem julgam poder confiar. Assim sendo, ao buscar investigar a realidade brasileira, não há como escapar da

---

[14] LADRIÈRE, J. *Vie sociale et destinée*, Paris: Duculot, 1973.

perspectiva dos afrodescendentes negros. E neste sentido, necessária se faz a familiaridade com a oralitura, isto é, com o conjunto de conhecimentos e pensamentos, estes com seus registros feitos pela memória e tendo na oralidade sua expressão.

Conforme já disse, naquele texto escrito em 1978, a respeito de marco de referência para o planejamento da educação,[15] encontram-se peças e encaminhamentos do que, hoje, designo como referências teóricas. Tal construção vem se fazendo ao longo dos anos, em diferentes investigações,[16] no estudo da literatura que vem dando suporte às minhas convicções e também da que as desafia, contradiz, desestabiliza. Por estas vias, chego ao entendimento de que referências teóricas explicitam posicionamentos, compreensões, conceitos formulados a partir da consulta a autores de obras que oferecem princípios científicos e ideológicos, apoio teórico-metodológico consistente para perseguir os objetivos traçados para pesquisa. Também

[15] TABET, J. C.; SILVA, P. B. G.; CARVALHAL, T. *Premier niveau de Français.* Porto Alegre: [s.n.], 1966.

[16] SILVA, P. B. G.e. *Histórias de Operários Negros.* Porto Alegre: EST, Nova Dimensão, 1987; ______. *Educação e identidade dos negros trabalhadores rurais do Limoeiro.* 1987. Tese (Doutorado) – PPGE, UFRGS, 1987; ______. *Diálogo pluricultural em escolas de 1º grau e formação de professores:* contribuições da universidade e do movimento negro. São Carlos: UFSCar/DME, 1990; ______. Conversas e Passeio – em busca da compreensão "das realidades dos alunos". *In:* SBPC. *Anais da 43ª Reunião Anual.* São Paulo, 1991, p. 273-274; _____. Contando e Ouvindo Histórias: em busca do universo de crianças com dificuldades. *In:* Dias, T. R. *et al. Temas em educação Especial 2.* São Carlos: UFSCar, 1993, p. 75-84; SILVA, P. B. G.; BARBOSA, L. M. A, SIVÉRIO, V. R. *De preto a afrodescendente:* trajetos de pesquisa sobre relações étnico-raciais no Brasil. São Carlos: EdUFSCar, 2003.

me apoio em obras que dão sustento ao desejo de fazer do ato de pesquisar oportunidade e instrumento de luta por igualdade entre todos os cidadãos, de combate a discriminações e racismo.

Assim, insisto que para construir referências teóricas é preciso, além de conhecer a produção significativa na área de estudos e trabalho, aproximar-se de resultados de trabalhos e pensamentos de pesquisadores que adotam outras perspectivas. Isto se faz imprescindível nos contextos da sociedade brasileira pluriétnica, na interconexão de culturas, de relações sociais, étnico-raciais, quase sempre nada harmoniosas.

Finalmente, em processos de pesquisar fui aprendendo que referências teóricas são sinalizações que encaminham decisões, o curso que devem tomar, auxiliam a estimar seu valor e sentido. Tais sinalizações constituem-se, repito mais uma vez, articuladas por circunstâncias vividas, pensamentos elaborados, questões estudadas. Constituem-se na definição de linhas conceituais e existenciais reveladoras de formas de compreender a vida, as pessoas e as relações que elas mantêm entre si, com a natureza e o ambiente onde vivem, indicadoras de fins e meios do agir humano, de seus resultados e repercussões.

Elaborar referências teóricas, no caso das pesquisas que realizo, exige uma busca, sem pressa, progressiva, de compreensão de processos que constituem o viver; requer observação paciente de processos de aprender-ensinar-aprender. Trata-se de busca orientada por visão de mundo enraizada cultural, histórica e politicamente em sabedoria de raiz africana, que se ressignifica na interconexão frequentemente conflituosa com distintas visões de mundo. Ainda que orientem análises, interpretações, julgamentos, opções, as referências não possuem um caráter normativo.

Entre os autores que vêm apoiando minhas buscas iniciadas no período do Doutorado, cabe citar, Neuza Santos Souza, Clóvis Moura, Abdias Nascimento, Paulo Freire, Enrique Dussel, Ernani Maria Fiori, Merleau-Ponty, Ladrière, Laetus Veit, Frantz Fanon, Amílcar Cabral, Albert Memmi, Ébouisse Boulaga, Steve Biko, Florestan Fernandes e Octavio Ianni, entre outros.

Por estes caminhos e companhias, venho ampliando perspectivas e compreensões nos estudos e trabalhos com meus orientandos e colegas do Grupo de Pesquisa CNPq Práticas Sociais e Processos Educativos, da linha de pesquisa de mesmo nome e do Núcleo de Estudos Afro-Brasileiros.

Talvez seja demasiado repetir, mas mesmo assim vou fazê-lo: tudo começa lá na rua Esperança em Porto Alegre, na casa, no bairro onde nasci e cresci. Tanto é verdade que conhecimentos puxados da infância e da adolescência, formulados em passeios com familiares e amigos – *o melhor jeito de se conhecer um lugar é caminhando, olhando, conversando com as pessoas* – apliquei-os durante o mencionado estágio na escola do Limoeiro. Ao fazê-lo, tive em conta o alerta que os estudos da Fenomenologia, sob os desafios provocados pelos Professores Laetus Veit e Amedeo Giorgi, tinham despertado: que para conhecer e compreender o que quer que seja, é preciso, antes de mais nada, controlar preconceitos, evitar julgamentos com base em conhecimentos anteriores e se dispor a conhecer o que há de peculiar no que se observa.

Com instrumentos aprendidos no estudo da vida e das ciências da educação, fui para o Limoeiro, onde, em 1984, o meio de transporte mais usado eram as próprias pernas. Caminhar, deter-me, conversar para inteirar-me dos jeitos de viver e pensar, fazer parte, de alguma maneira, do ambiente, da comunidade, sem o desejo de intervir mais do que a presença de uma pessoa estranha já intervém foram meus procedimentos de trabalho. Neste clima, teve origem, no rico estágio no Limoeiro, o *passeios e conversas*, meio de pesquisa originado no jeito como aprendera com minha família a conhecer lugares e pessoas, como também de recursos didáticos correntes entre professores dos anos iniciais de escolarização, as excursões, as "rodinhas das novidades e das histórias".

O *passeios e conversas* tomou esta designação enquanto procedimento de pesquisa, anos mais tarde, quando eu e estudantes da UFSCar realizamos investigação a que se juntaram alunos e alguns de seus professores da Escola Estadual de 1º Grau Faixa Azul, mais tarde denominada Orlando Perez, no bairro Cidade Aracy, na periferia da cidade de São Carlos/SP.[17] O mesmo procedimento mostrou-se

[17] SILVA, P. B. G.; COTA, M. C.; Gonçales, M. *Diálogo pluricultural em escolas de 1º grau:* contribuições da universidade e do movimento negro. São Carlos: UFSCar/ DME, 1990; ____. Conversas e Passeios; em busca da compreensão "das realidades dos alunos". *In*: SBPC. *Anais da 43ª Reunião anual da SBPC.* Rio de Janeiro,

frutuoso, quando, em 1998, o Dr. Sérgio Pripas convidou o Grupo de Pesquisa Práticas Sociais e Processos Educativos a realizar pesquisa sobre o Programa Saúde Família da Prefeitura de São Carlos, junto ao posto de saúde do bairro Maria Stella Fagá (Silva e Garcia-Montrone, 1998).

Como se vê, o estágio[18] na escola do Limoeiro trouxe muitos frutos. Foi essencial para gestar a tese de Doutorado, a pesquisa mais importante que até então realizei, não por se tratar da tese de Doutorado, mas pelos significativos resultados e repercussões que teve, como veremos mais adiante. E além disso continuou fecundando trabalhos posteriores.

Investigar juntamente com os implicados em minhas curiosidades epistemológicas, como diria Paulo Freire,[19] implica atitude ética e política. Em outras palavras, não somente eu, pesquisadora, colho frutos, também aqueles que se dispõem a juntos trabalhar na busca de compreensões a respeito da educação, da identidade, do pertencimento étnico-racial em sociedades multiculturais. Desse

---

1991.; SILVA, P. B. G. *Escola:* questões de vida e de morte. São Carlos: UFSCar/DME, 1990; SILVA, P. B. G. *et al. Diálogo pluricultural em escolas de 1º grau:* contribuições da universidade e do movimento negro. São Carlos, UFSCar/DME, 1992.

[18] SILVA, P. B. G. *Educação no Limoeiro, uma comunidade de trabalhadores rurais negros; relatório de estágio.* Porto Alegre, PPGE/UFRGS, 1985; ________. Educação no Limoeiro, uma comunidade de trabalhadores rurais negros. PUC/RS, *Educação*, v. 9, n. 11, p. 121-132, 1986.

[19] Trata-se de curiosidade epistemológica, nos termos de Paulo Freire, em *Pedagogia da autonomia.*

modo, depois do mês de estágio, via-me impregnada de novos ou de renovados significados sobre nós negros, de sentidos atribuídos a coisas, pessoas, espaços, acontecimentos, relações, numa comunidade em que éramos, pela primeira vez na minha vida, todos negros. Eu apreendera e aprendera muito mais do que pudera prever, já que iniciara o trabalho com a pretensão de me familiarizar com a educação escolar, no meio rural.

Minha capacidade de captar e atribuir sentido ao que ia vendo e vivendo, com acuidade, foi possível graças ao convívio com aqueles que quiseram compartilhar das buscas por compreensões. Com eles tomou sentido o que eu lera, ainda no curso de graduação em Letras, em obra de Dufrenne[20] sobre *o pensamento que não cansa de interrogar os signos* que a ele se apresentam, revelando os sentidos da vida, dos ambientes e das coisas. Palavras, gestos, trejeitos são sempre mais potentes do que se consegue captar. Por isso, somente o convívio com aqueles que os expressam, nos leva a compreensões fecundas. Deste modo, finalmente alcançava compreender por que a elaboração de significados, ato individual, somente adquire sentido enquanto construção coletiva.

Este aprendizado foi-se ampliando com a realização de outras investigações. Uma delas realizada também no quadro dos estudos de Doutorado, com operários negros, crianças no início do século XX, com o objetivo de conhecer meios para aprendizagem do ofício

[20] DUFRENNE, Mikel. *O poético*. Porto Alegre: Globo, 1969.

e identificar o papel da escola, ou não, na formação de operários negros. Foi realizada por uma senhora e dois senhores nascidos no início do século XX, que concordaram em trabalhar comigo, uma minuciosa garimpagem de memórias. À época, a senhora, mais jovem, tinha setenta e três anos de idade. Reconstruíram, eles e ela, suas histórias de operários e de operária, respectivamente. Expressaram-se com entusiasmo pelo fato de estarem contribuindo para escrever a história dos operários negros gaúchos.

A coleta, o registro e a análise das histórias foram realizados num clima de muita emoção. Isto me levou a buscar justificativas[21] pertinentes para estudos realizados com e sobre negros e negras. *Emoção entendida como vitalidade, força que faz mover, que pretende desacomodar, chamar a atenção, e jamais tida como falta de objetividade. Emoção que nasce da observação da história, do fato narrado, da concretude do depoimento, e sobre isso se manifesta. Emoção despertada no trabalho de relembrar do operário e no de anotar e buscar compreender da pesquisadora. Emoção que é, sem dúvida, uma das formas de o negro conhecer o mundo, a vida, as pessoas, bem como uma das maneiras que tem de se expressar no mundo com as pessoas.*

Nas experiências daqueles operários negros,[22] a escola em muito pouco ou nada contribuiu para sua formação como cidadãos,

---

[21] SILVA, P. B. G. e. "A formação do operário negro". *Educação e Sociedade*, n. 22, p. 56-83, set./dez. 1985.

[22] *Réfléxions sur le rôle de la planification dans un context de reforme de l'education au Brésil; le cas du Rio Grande do Sul* ["Reflexões sobre o papel do planejamento

como trabalhadores. O mais precioso, revelado por suas memórias e considerações, foram os valores que sempre estiveram presentes em sua conduta – a família, o trabalho bem feito, o aprender, o sonhar e realizar. Esta pesquisa, assim como a realizada, anos após, em estágio de pós-doutorado na África do Sul, decorrente das trocas com o *International Research Group on Epystemology of African Roots and Education,*[23] levaram-me a entender, com apoio de trabalhos de Albert Memmi, judeu tunisiano, Ébouisse Boulaga,[24] africano, entre outros, que as referências para suas condutas eram *valores de refúgio*. Estudando, conversando, conhecendo realidades tanto da África como da Diáspora,[25] tenho pouco a pouco ampliado a compreensão de que *valores de refúgio* são valores que sobreviveram à opressão da escravidão, da colonização, do racismo; são também valores que, mesmo tendo sido construídos nestas circunstâncias, se constituem

num contexto de reforma da educação no Brasil: o caso do Rio Grande do Sul"]; SILVA, P.B.G. e. *Histórias de operários negros:* uma contribuição para o estudo do operário negro no Rio Grande do Sul. Porto Alegre: EST, Nova dimensão, 1987.

[23] Coordenado pela Professora Doutora Joyce Elaine King da Georgia State University/USA.

[24] MEMMI, A. *Portrait du Colonisé.* Paris, Payot, 1973; ÉBOUISSE BOULAGA, F. Peut-on attribuer la meme valeur à toutes les cultures?. *In:* AZAMBO-MENDAS, S.; KOSSO, M. E. *Les Philosophes Africaisn par les Textes.* Paris: Nathan, 1978, p. 112-113.

[25] SILVA, P. B. G. "Vamos acertar os passos? Referências afro-brasileiras para os sistemas de ensino". *In:* LIMA, I. C.; ROMÃO, J. (Org.). *As idéias racistas, os negros e a educação.* Florianópolis: Núcleo de Estudos Negros, 1997., p. 39-57.

possibilidades de proteção, segurança, fundamento para viver, pensar, construir.

Voltemos à formação para ser doutora e à tese[26] que neste processo elaborei. Para fazê-lo, voltei inúmeras vezes ao Limoeiro e lá permaneci por períodos mais ou menos prolongados, todos eles intensos em vivências. A tese foi, pois, elaborada na espacialidade e temporalidade construídas por negros, na convivência, com o objetivo de desvendar o processo de educação de negros trabalhadores rurais. Assim, pesquisadora e participantes da pesquisa, companheiros no trabalho de investigar, assumimos a liberdade de nos engajar como comunidade de destino – negros brasileiros – tendo a intenção de contribuir, de alguma maneira, para libertar nosso povo das relações desumanas que nos constrangem e agridem, muito mais, de libertar de suas maldades os que nos excluem da vida digna e cidadã.

O estudo, valendo-se de método de investigação construído com base na Fenomenologia, descreve – de dentro da experiência de plantar e da experiência da escola – como ocorria, naqueles anos de 1984 a 1986, o processo de significação do mundo que chamamos educação. Nosso esforço de trabalho em conversas e convívio desvelou modos de viver, expressos em opções e posturas, como: ver-escutar, ficar-fazer, caminhar-dizer, voltar-aspirar, morrer-ficar. Desvelou também que os negros e negras do Limoeiro pudessem

[26] SILVA, P. B. G. *Educação e identidade dos negros trabalhadores rurais do Limoeiro*. 1987. Tese (Doutorado) – PPGE, UFRGS, Porto Alegre, 1987.

construir suas vidas, e possivelmente ainda as construam, animados por motivos como: confiar/desconfiar, ser livre/ser sujeitado, ser negro/ser branco, ser diferente dos outros/não ficar atrás dos outros, trabalhar/se divertir.

Numa síntese, é possível afirmar que a investigação permitiu apreender, entre outros aspectos, que a experiência vivida por negros trabalhadores rurais no Limoeiro é fonte, situação, resultado, projeto de educação. *Fonte*, isto é, ponto de onde procede o interesse pelo que está ao redor, gesto que leva a encontrar outras pessoas, a se defrontar com as alegrias e agruras do mundo, a buscar ou a aceitar um modo de ser ou de estar na sociedade. *Situação*, no sentido de que reúne as vivências passadas da comunidade e de cada pessoa, assim como as circunstâncias presentes, criando o ânimo com que cada um se dá a conhecer. *Resultado* de processos de educação, na medida em que, ao transmitir significações elaboradas ao longo de sua história pela comunidade, proporciona a criação de novas significações. *Projeto*, uma vez que remete a novas vivências em diferentes direções, e desse construção todos e cada um participam[27].

Apresentação tão lacônica esconde na verdade um mundo de sentidos e vertentes que, quase dez anos mais tarde – em pesquisa realizada no estágio de pós-doutorado – descobri, punham à luz raízes nossas africanas. Mas isto será tratado mais à frente.

---

[27] SILVA, P. B. G. *Educação e identidade dos negros trabalhadores rurais do Limoeiro*. 1987. Tese (Doutorado) – PPGE, UFRGS, Porto Alegre, 1987.

Capítulo VI

Profissão e militância

No meu dia-a-dia, assim como no de muitos negros brasileiros, entremeiam-se as atividades profissionais com as de militância contra o racismo e discriminações, por uma sociedade justa para todos. Minha postura, atuação, pensamento e experiência, enquanto militante do Movimento Negro, incentivam e informam a produção científica, didática, de extensão universitária por que sou responsável, sem contudo com elas se confundir.

As demandas e propostas do Movimento Negro, para inclusão da luta antirracista e da afirmação cidadã dos negros em todos os âmbitos da vida social, vêm se consolidando de forma mais contundente desde os anos 1980. A sua atuação reivindicatória e política no século XX, fortalecida em 1978 com a fundação do Movimento Negro Unificado,[28] vêm fecundando a produção de conhecimentos e de

[28] Criação do Movimento Negro Unificado, primeiro grupo que teve abrangência nacional, após a extinção, pelo governo Vargas em 1937, dos partidos políticos e, consequentemente, da Frente Negra Brasileira.

ações no seio de grupos que constituem este importante movimento social, também em universidades e outras instituições responsáveis pela produção de conhecimentos, em órgãos governamentais a que cabem a formulação e a implantação de políticas públicas.

No meio acadêmico, na área de educação, são realizadas nos anos 1980 as primeiras pesquisas na perspectiva e interesse dos negros, elaboradas por militantes. Trata-se da dissertação de mestrado de Luiz Alberto Oliveira Gonçalves, defendida na UFMG, em 1985 e de minha tese de doutorado, defendida na UFRGS, em 1987.[29]

Hoje me dou conta de que Luiz, eu e muitos dos negros que vimos tomando lugar e parte no mundo acadêmico temos cumprido nossa tradição africana que considera realmente educados aqueles que põem o que aprendem nos livros, nas escolas, à disposição de sua comunidade, fortalecendo-a. A energia de cada um e de todos vem da comunidade e aquele que a fortalece também se torna forte.

Nesta direção, em 1984 e 1985, a Sociedade Beneficente e Cultural Floresta Aurora, entidade fundada no ano de 1872 em Porto Alegre, deu-nos forte alento, ao organizar dois marcantes eventos – I e II Encontro Nacional sobre Realidade do Negro na Educação – contando com a coordenação da Professora Vera Triumpho. Deles participei apresentando tanto a pesquisa realizada durante o estágio no Limoeiro, como a feita com os operários negros. Estes eventos

---

[29] GONÇALVES, L. A. O.; SILVA, P. B. G. *O Jogo das Diferenças:* o multiculturalismo e seus contextos. 3. ed. Belo Horizonte: Autêntica, 2001.

levaram a Porto Alegre militantes dos estados do Sul, além de São Paulo, Rio de Janeiro e Bahia, colocando-nos em intercâmbios, alguns dos quais se mantêm até hoje.

Tais contatos e trocas fizeram com que em 1986, a convite do Grupo União e Consciência Negra de Santa Cruz do Sul/RS, eu participasse do I Seminário sobre a Cultura Afro-Brasileira do Vale do Rio Pardo, proferindo palestra sobre *Formação do Negro como Negro*; seu texto foi, a seguir, amplamente divulgado pela Fundação Cultural Palmares/MINC. No referido texto encontram-se princípios que vêm orientado minha conduta de mulher negra-professora-pesquisadora. Quando os escrevi, não me dei conta disso, foi a inspeção proporcionada pela composição do memorial para o concurso de titular que me fez ver. São os seguintes os princípios: – *Nós negros temos de confirmar que há um modo próprio de ser negro – de viver, de conviver, de trabalhar, de lutar; – Temos de nos encontrar para confirmar e afirmar nossa identidade de negro; – Não é por falta de caráter que muitos negros querem embranquecer, nem sempre é possível vencer as pressões; – É em atmosfera de desprestígio e exclusão que temos de nos impor como negros; – A nossa força vem de nós mesmos, isto é, de nossa comunidade, de nossos Ancestrais; – Somos negros brasileiros, não queremos viver separadamente dos brancos, mas exigimos que nos respeitem; – Precisamos lutar para isso, luta incessante que se faz no dia-a-dia; – Vamos aprender a lutar, vivendo e peleando, conversando, perguntado, ouvindo histórias antigas e atuais, esclarecendo e sendo esclarecidos sobre a vida e o modo de ser dos negros, interessando-nos pela história dos africanos e dos negros brasileiros.* Difícil distinguir nestes princípios o que veio da família, da vida, dos estudos, da militância.

Em 1987, o União e Consciência Negra convidou-me para fazer uma pesquisa com eles sobre o que "era ser negro em população predominantemente de descendentes de alemães".[30] Continuei, assim, os estudos sobre identidade e educação de população negra.

Entre outros importantes esclarecimentos que trouxe tal estudo,[31] realizado numa comunidade negra que se perguntava se haveria em seu jeito de ser e viver resquícios da descendência africana, há que destacar pelo menos três.

O primeiro diz respeito ao reconhecimento de que descendentes de alemães faziam de posturas e atitudes, que diferiam o modo próprio dos negros, agirem em comparação às suas posturas e atitudes de "alemães". Por exemplo, explicou uma irmã de caridade que atuava no hospital da cidade: "Um negro que falece no hospital, mesmo que não tenha parente na cidade não morre sozinho, um vizinho, um conhecido, o amigo de um parente o acompanha até o fim. Já entre os 'alemães' o momento da morte é visto diferente". Como se

---

[30] Pesquisa desenvolvida com bolsa PQ/CNPq, no quadro de atividades enquanto professora do PPGE/PUC/RS.

[31] SILVA, P. B. G. "O sentido educativo de grupo do movimento negro". *In:* SBPC. *Anais da 42ª Reunião anual.* Porto alegre, 1990, p. 34-35; ______. Formação da identidade e socialização. *In:* TRIUMPHO, V. R. S. *Rio Grande do Sul:* aspectos da negritude. Porto Alegre: Martins Livreiro, 1991.

vê, não negros, quando capazes de se libertar de preconceitos, são capazes de apontar peculiaridades aparentes do ser negro, embora necessariamente não as compreendam a partir das raízes africanas.

A pesquisa também ajudou a elucidar a respeito da disposição em que o identificar-se enquanto descendentes de africanos se elaborava entre aqueles negros – ora como que caindo num *vazio,* ora sentindo-se impulsionados por *energia* criadora de novos significados e rumos.

Vazio que conduz à negação veemente do sentido estabelecido, por outros, do que significa ser negro, e, ao mesmo tempo, provoca retorno à identidade originada nas raízes africanas. *Vazio* preenchido por ousadia, apoiada pelo grupo do Movimento Negro. A respeito desta experiência, assim falou uma senhora idosa, participante do União e Consciência Negra: "Já não somos africanos, agora, é preciso saber da África, e dizer, para todo mundo, de nós mesmos. A gente quer ser igual a todo mundo, mas têm coisas em que somos diferentes".

Do vazio surge a *energia* que dá sustento e impulsiona a existência, fluindo dos contrastes entre a *alegria de viver* e o *dilaceramento de ter o direito à vida de cidadão negado.* Energia que impulsiona na busca de conhecer *o passado africano antes da escravidão,* no esforço para mudar a condição do *presente de marginalização* e *construir o futuro em real libertação. Estamos sempre nos movimentando,* concluíam os participantes da pesquisa.

Por meio dessas compreensões elaboradas na convivência que a realização da pesquisa e também as reuniões de trabalho do

União e Consciência Negra proporcionavam, ainda sem usar o termo *africanidades*, começamos a identificar, compreender construções, pensamentos de raiz africana em suas expressões materiais e imateriais. Em 1995, o referido grupo, em parceria com a Universidade de Santa Cruz do Sul, promoveu o Seminário Regional de Metodologia de Ensino da Cultura Afro-Brasileira, do qual participei, ministrando a oficina "Elementos Principais de uma Metodologia de Ensino da Cultura Afro-Brasileira". Planejar e executar esta atividade permitiu que se fossem formando contornos mais precisos do conceito de *Africanidades*, que continua sendo elaborado em aulas, pesquisas e outras atividades acadêmicas e de militância de que participo.

Motivada por estas experiências, escrevi:[32] *ao dizer africanidades brasileiras estamos nos referindo às raízes da cultura brasileira que têm origem africana. Dizendo de outra forma, estamos, de um lado, nos referindo ao modo de ser, de viver, de organizar suas lutas, próprio dos negros brasileiros, e de outro lado, às marcas da cultura africana que, independentemente da origem étnica de cada brasileiro, fazem parte do seu dia-a-dia.* E tenho continuado a

---

[32] SILVA, P. B. G. "Africanidades; como valorizar as raízes afro nas propostas pedagógicas". In: *Revista do Professor*, Porto Alegre, v. 11, n. 44, p. 29-30, out./dez. 1995; ______. Aprendizagem e Ensino das Africanidades Brasileiras. *In:* MUNANGA, K. *Superando o racismo na escola.* 2. ed. Brasília: Ministério da Educação, SECAD, 2005. (1. ed. 1998); ______. A palavra é africanidades. *Presença Pedagógica*, v. 15, n. 86, mar./abr., 2009.

observar, a conversar, a ler e a escrever,[33] na tentativa de, por meio do estudo da vida e dos livros, ampliar, precisar tais significações.

Neste percurso, cheguei à leitura de artigo de Julius K. Nyerere, datado de 1963, sobre a unidade africana, e então tomei conhecimento de que "existe um sentimento de africanidade, um sentimento de causa comum, que reina em toda a vida política e em toda a vida cultural do continente". Tal ponderação amadurecida na luta política por libertação e afirmação do povo africano da Tanzânia, levou-me a indagar se a proximidade que nossas entidades do Movimento Negro brasileiro mantêm, na sua diversidade de orientação político-ideológica, não se deve a sentimento de africanidade, ou seja, de pertencimento ao Mundo Africano.

Pois, pensando bem, africanidades é herança ancestral, como bem ensina Lourdinha Siqueira,[34] que permite a construção e a reconstrução do modo de ser africano, no Continente e na Diáspora, na convivência, comunicação ou embate com pessoas de outros grupos étnico-raciais.

Durante, aproximadamente, 15 anos fui assessora dos Agentes de Pastoral Negros (APNs), tanto em nível nacional, como no Rio Grande do Sul. Dentro do que me foi solicitado no desempenho

---

[33] SILVA, P. B. G. "Diversidade étnico-cultural e currículos escolares – dilemas e possibilidades". *In: Cadernos CEDES*, Campinas, n. 32, p. 25-34, 1993; ______. A palavra é africanidades. *Presença Pedagógica*, v. 15, n. 86, mar./abr., 2009.

[34] SIQUEIRA, M. L. "Ancestralidade e produção do conhecimento". *In: Siyayma:* uma visão africana do mundo. Salvador, Edição da autora, 2006, p. 29-35.

desta função, destaco a produção, em 1989, em conjunto com outras quatro mulheres Agentes de Pastoral Negras, "no contexto de um projeto de vida que, antes de ser pessoal", era o de um grupo. Trata-se da publicação *Mulher Negra; resistência e sabedoria de uma raça.* Procuramos redigir um texto que apontasse, a partir de uma visão de fé, encaminhamentos para enfrentar situações que vive a mulher negra brasileira. A demanda por este trabalho deveu-se à Campanha da Fraternidade, que no ano de 1990 teve por tema – Mulher. Reunimo-nos num sítio na Granja Viana/SP e, em discussões, leituras e redações, trabalhamos intensamente.[35]

Da minha parte, a contribuição para os trabalhos teve por base estudos anteriores, como os resultados da pesquisa referente à mulher negra, que desenvolvi no quadro da investigação, Mulher nos Anos 80 – na Região Sul, promovida pelo Núcleo Interdisciplinar de Estudos da Mulher da UFRGS,[36] em parceria com a Fundação Carlos Chagas. Esse trabalho apontou direções para estudos que tenho desenvolvido mais recentemente sobre a educação dos negros como cidadãos.[37] Neste sentido, cabe destacar que, no dizer de mulheres

---

[35] AGENTES DE PASTORAL NEGROS. *Mulher Negra:* resistência e soberania de uma raça. Equipe e elaboração: Luiza M. R. Silva, Maria das G. Nascimento, Petronilha B. G. e Silva, Raimunda N. da Silva, Silva R. de L. Silva. Petrópolis: vozes, 1990.

[36] Pesquisa realizada sob encomenda da Fundação Carlos Chagas.

[37] SILVA, P. B. G.; SILVERIO, V. R. (Org.). *Educação e Ações Afirmativas:* entre a injustiça simbólica e a injustiça econômica. Brasília: MEC,INEP, 2003; ______. Projeto nacional de educação na perspectiva dos negros brasileiros. *In:* CONSELHO NACIONAL DE EDUCAÇÃO; UNESCO. *Conferências do Fórum Brasil de*

negras dos estados do Sul, sua participação política, naqueles anos 1980, vinha-lhes exigindo a assunção de ideias e posturas em favor do povo negro. Mais do que isto, levava-as a agir com grande esforço para "se libertar do complexo de inferioridade que é impingido aos negros", a fim de "se expressar, mostrando os sofrimentos, anseios, metas e reivindicações desse povo".[38]

Em artigo publicado, em 1990, pela Revista de Cultura Vozes em número especial sobre a Mulher Negra – por indicação dos Agentes de Pastoral Negros – tratei de questões relacionadas à organização das mulheres negras.[39] Nesse trabalho são apontadas as truncadas relações entre mulheres negras integrantes de diferentes classes sociais no seio do Movimento de Mulheres Negras. Tensões superadas, em boa parte, pelo desejo e esforço comum de "alcançar um futuro mais humano para todas as pessoas negras".

Sempre com o empenho de melhor compreender nossa situação de mulheres negras, em 1997, como integrante do Centro de Cultura e Teologia Negra – Atabaque, fundado em 1990, na cidade de São Paulo, participei da II Consulta Ecumênica de Teologia e

---

Educação. Brasília, 2004, p. 385-396; ______. Citizenship and education in Brazil; the contributions of Indian People and Blacks in the struglle for citizenship and recognition. *In:* BANKS, J. A. *Diversity and Citizenship Education*. San Francisco, Jossey-Bass, 2004.

[38] SILVA, P. B. G. "Participação Política da mulher Negra no Paraná e no Rio Grande do Sul – nos anos 80". – *Informação, Formação e Experiência,* São Leopoldo, v. 1, n. 4 (número especial sobre O Feminino da Humanidade), p. 26-32, out./dez. 1989.

[39] SILVA, P. B. G. *Organização das mulheres negras, hoje.* Petrópolis: Vozes, 1990.

Culturas Afro-Americana e Caribenha. As intensas discussões sobre teologia negra feminista latino-americana conduziram à exortação feita pela teóloga Eliad D. Santos "Chegou a hora de darmos à luz a nós mesmas!", que adotei como título de estudo.[40]

Esse estudo, como grande parte dos que venho realizando, permitiu aprofundar a reflexão sobre a formação das negras e negros para o exercício da cidadania. Neste sentido, destaco que *mulheres negras, hoje, buscamos nos educar para liderança, tal como a entendem nossas raízes africanas: todo mundo deve ser líder, (...) isto é, uma pessoa que contribui para o progresso e desenvolvimento de todos. Liderança neste caso implica educação escolar, acadêmica e sabedoria edificada no convívio com as comunidades de destino, a dos descendentes de africanos, a das mulheres* (p. 21)[41].

Neste rumo tenho me preocupado com educação de mulheres cidadãs negras, e buscado aprofundar o tema: "invisíveis, mas contribuem – participação das mulheres negras na sociedade e lutas por seus direitos".[42]

Instigada por grupos do Movimento Negro, de modo particular, mas não exclusivo, e em diferentes épocas – APNs Nacional e do Rio Grande do Sul, Instituto do Negro Padre Batista, Centro de

---

[40] SILVA, P.B.G. "Chegou a hora de darmos à luz a nós mesmas"; situando-nos enquanto mulheres e negras. *Cadernos CEDES*. Campinas, n. 45 (número especial Histórias de mulheres e Práticas de Leitura). p. 7-23, jul. 1998.

[41] *Op cit.*

[42] Em março de 2004, apresentei as primeiras análises na I Conferência Municipal de Políticas sobre as Mulheres – São Carlos.

Cultura e Teologia Negra Atabaque, Centro Ecumênico de Cultura Negra de Porto Alegre (CECUNE) – venho sendo desafiada, incentivada a direcionar minhas preocupações e ações de professora e de pesquisadora para as raízes do ensinar e do aprender, originárias das culturas e das condições de vida de nosso povo brasileiro, diverso étnico-racialmente, entre outras diferenças que o compõem.

O Instituto do Negro Padre Batista, nos anos 1990, convidou-me para fazer acompanhamento e oferecer apoio intelectual a estudantes, a quem contemplava com ajuda financeira para cursar o ensino superior. As condições de estudo e trabalho desses estudantes, que hoje titulados costumam prestar serviços junto ao Instituto, suas ansiedades e realizações, além do esforço do Instituto para mantê-los firmes no propósito de obter diploma de ensino superior, forneceram-me informações, despertaram questionamentos que nutrem reflexões e iniciativas que venho assumindo em favor de políticas de reconhecimento e de reparações para os negros brasileiros.

As discussões e lutas empreendidas pelos APNs nos anos 1990 proporcionaram-me, assim como os estudos, publicações e ação política de alcance internacional. Promovidos pelo Atabaque, tais estudos me conduziram a elaborações importantes sobre processos educativos decorrentes de propostas e realizações do Movimento Negro.[43] Impulsionada por questionamentos em tais nestas

[43] SILVA, P. G. B.; TRIUMPHO, V. R. S. "APNs e nova prática educacional". *In:* AGENTES DE PASTORAL NEGROS. *Agente de Pastoral Negros* – 1983-1993 –

experiências, propus em 1995, e os colegas do Núcleo de Estudos Afro-Brasileiros da UFSCar acolheram, a sugestão de realizar, em São Carlos, um seminário sobre *Pensamentos Negros em Educação – expressões do movimento negro.* Para esta atividade acorreram militantes de diferentes estados e regiões do País. Trabalhos resultantes deste importante encontro encontram-se em obra organizada pela Professora Doutora Lúcia Maria de Assunção Barbosa e por mim.[44] Este esforço intelectual permitiu-nos apresentar experiências de luta, de busca por reconhecimento e valorização, objetivos e metas que expressaram nossa contribuição de negros para a educação brasileira, ao sublinhar conceitos como *identidade étnico-racial, resistência negra, cultura negra, história dos negros e militância negra.*

Há muito, diferentes entidades do Movimento Negro vinham elaborando, divulgando a busca por expressões de pensamentos negros para a educação, ao denunciar o racismo, reivindicar respeito e educação de qualidade. Faltava explicitar o que havia de mais peculiarmente africano, que diferia de demandas semelhantes apresentadas por outros grupos postos à margem pela sociedade. Para isso, era preciso voltar reiteradamente à África, fosse pelo acesso a obras de

---

conscientização, organização, fé e luta. São Paulo: Quilombo Central; Atabaque; ASETT, 1993. p. 70-74; SILVA, P. B. G. Projetos Educacionais; prioridades dos brasileiros descendentes de africanos. *In:* SILVA, A. A. *et al. Uma dívida, muitas dívidas:* os Afro-brasileiros querem receber. São Paulo: Atabaque, 1998. p. 153-160.

[44] SILVA, P. B. G.; BARBOSA, L. M. A. *O Pensamento Negro Em Educação No Brasil* – expressões do movimento negro. São Carlos: Ed. da Universidade Federal de São Carlos, 1997.

autores oriundos do continente, fosse por inserções entre povos africanos. Eu já tivera a primeira oportunidade, em 1988, quando o CECUNE convidou-me para representá-lo, na Consulta sobre o Racismo, promovida pelo Conselho Mundial de Igrejas, na University of Zimbabwe. Foi esta a indescritível oportunidade, não só de viver e conviver pela primeira vez num país predominantemente negro, como também de observar jeitos de se organizar, de se expressar e de trabalhar que mostravam semelhanças com os de nossos negros brasileiros.

Nessa oportunidade, pela primeira vez, discuti o racismo brasileiro, num fórum internacional. Fiz exposição sobre "O Racismo no Brasil; o ponto de vista de mulheres e de homens negros",[45] que muito surpreendeu os participantes dos diferentes continentes, pois supunham que vivíamos, no Brasil, o paraíso de uma democracia racial. Imaginem o desconforto, incredulidade, decepção, ao me ouvirem afirmar que: *o sofrimento, a resistência, a marginalidade, o desejo de justiça estão historicamente presentes na constituição da identidade das mulheres e dos homens negros brasileiros.* Não poucos foram os questionamentos, ao ouvirem que há 100 anos – estávamos em 1988 – da abolição do regime escravista, a articulação entre os diferentes grupos do Movimento Negro vinha provocando ganhos políticos como a determinação de que qualquer ato de racismo fosse

[45] SILVA, P.G.B. *O racismo no Brasil:* o ponto de vista de mulheres e de homens negros. Porto alegre: CECUNE, 1988. (Apresentado na Consulta sobre o Racismo, promovida pelo Conselho Mundial de Igrejas, na University of Zimbabwe, em Harare).

considerado crime inafiançável e imprescritível, embora faltassem ainda políticas mais contundentes para corrigir injustiças seculares contra a população negra.

Outra oportunidade de expor a situação do negro no Brasil, em âmbito internacional, deu-se quando o Atabaque foi convidado como representante da América do Sul, e indicou-me para, em 1993, participar de reunião em "petit comité", promovida pelo Conselho Mundial de Igrejas, em Chipre. Dos nove participantes, três eram negros: um teólogo sul-africano, outro do Sirilanka e eu, única mulher no grupo. Ali, discutiram-se, a partir de pontos de vista do terceiro mundo, possibilidades e estratégias de atuação das Igrejas para uma nova ordem mundial, em que desigualdades fossem superadas. A intenção era pomposa, as conclusões nem tanto, e as iniciativas que se seguiram muito menos.

Também representei, no mesmo ano de 1993, o Atabaque, apresentando trabalho, "Black Awareness in Brazil", em seminário promovido pelo Departamento de Teologia da University of South Africa (UNISA), em Johannesbourg, que reuniu teólogos negros de todos os continentes, com a finalidade de estudar e discutir os efeitos do racismo nas sociedades, o papel das Igrejas, bem como com o intuito de apoiar as primeiras eleições "pós apartheid" na África do Sul.

Quero chamar a atenção para o fato de que os primeiros intercâmbios internacionais acadêmicos sobre negros e educação, que mantive, foram proporcionados por entidades do Movimento Negro.

Minha vinda para São Carlos também se deveu a grupo do Movimento Negro junto à Universidade Federal de São Carlos. Em 1986, integrantes do Grupo de Cultura Afro-Brasileira/UFSCar, quando da realização do Seminário Raça Negra e Educação, promovido pela Fundação Carlos Chagas sob encomenda do Conselho de Desenvolvimento e Participação da Comunidade Negra de São Paulo, convidaram-me para vir conhecer o Movimento Negro de São Carlos e a UFSCar. A visita veio a ocorrer mais de um ano mais tarde.

No referido seminário, o primeiro evento em que se fez balanço da produção teórica sobre raça negra e educação, submeti a seleto e crítico auditório algumas das conclusões e formulações que a pesquisa no Limoeiro, tese de Doutorado, já permitiam. Assim, ao discorrer sobre formação da identidade e socialização no Limoeiro,[46] apresentei, pela primeira vez, compreensão-chave, em meu entender, para a educação das relações étnico-raciais: *enegrecer*. É importante lembrar que então o foco de minhas atenções era a constituição de identidades negras. A compreensão de *enegrecer*, pois, foi explicitada como a "maneira própria de os negros se porem no mundo ao receberem o mundo em si. Enegrecer é a face a face em que negro e branco se espelham, se comunicam, sem deixar de ser o que cada um é".[47]

---

[46] SILVA, P. B. G. "Formação da identidade e socialização no Limoeiro". *In: Cadernos de Pesquisa*, n. 63, nov.1987.

[47] SILVA, P. B. G. *Educação no Limoeiro, uma comunidade de trabalhadores rurais negros; relatório de estágio*. Porto Alegre, PPGE/UFRGS, 1985; ________. Edu-

Um ano mais tarde, em decorrência de pressões de entidades negras junto à Fundação de Assistência ao Estudante (FAE) para que fossem tomadas medidas eficazes de combate ao racismo no livro didático, realizou-se na Fundação João Pinheiro, em Belo Horizonte, um balanço de problemas de discriminação nos materiais escolares. Militantes, técnicos de Secretarias da Educação, pesquisadores, apresentaram avaliações e propostas, no Seminário "Educação e Discriminação dos Negros". Na ocasião submeti a debate considerações sobre cultura negra e experiências educativas. Para tanto, busquei articular resultados das pesquisas realizadas na escola do Limoeiro e com o Grupo União e Consciência Negra de Santa Cruz do Sul, e concluí ponderando que *para que a escola participe do enegrecimento da sociedade, ela terá de lutar para se libertar de tudo que nela ajuda a desumanizar; precisará, pois, livrar-se dos mecanismos e ideias que manipula, levando as pessoas a se verem "nascidas" para mandar ou serem mandadas, para saber ou serem ignorantes, para possuir ou servir.*

A realização desses dois marcantes seminários mostrou, e o passar dos anos vem confirmando, que estudos e debates sobre negros e educação, na perspectiva da população negra, se fizeram e fazem presentes nas instituições de ensino e de pesquisa, graças a pressões, negociações do Movimento Negro. Note-se que, mesmo

---

cação no Limoeiro, uma comunidade de trabalhadores rurais negros. PUC/RS, *Educação*, v. 9, n. 11, p. 121-132, 1986.

quando aceitas suas propostas, dificilmente passam a ser assumidas como políticas institucionais.

Não diferente foi a experiência na UFSCar até 2006, quando esta instituição adotou política de reserva de vagas para oriundos de escolas da rede pública de ensino para negros e indígenas. A UFSCar, já nos anos 1970, início de seu funcionamento, contou com a forte presença do sociólogo Professor Eduardo Oliveira, que promovia junto a estudantes e funcionários negros da UFSCar e da USP conversas, debates e estudos sobre a condição dos negros no Brasil. No mesmo período, vivia em São Carlos, exercendo a profissão de jornalista, o sociólogo Clóvis Moura e jovens negros estudantes universitários como Ivair Augusto Alves dos Santos, Henrique Cunha Jr., Ismael Freire. Em meados dos anos 1980, constituiu-se junto à UFSCar o Grupo de Cultura Afro-Brasileira que reunia negros da comunidade são-carlense, estudantes, servidores e raros professores negros da universidade, e incentivava a realização de pesquisas e atividades de extensão junto a escolas e à comunidade são-carlense, tais como cursos de dança afro, palestras e debates. Entre as atividades de que participei e coordenei, quero mencionar:

- o curso em parceria com a Diretoria de Ensino, em 1991, o primeiro sobre a temática racial na educação, desenvolvido na cidade, que teve por título "Escola e Cultura Erudita – negros, índios e cultura escolar". Dele participaram 70 professores, não ocorrendo nenhuma desistência. Os docentes do curso foram os professores Joel Rufino dos Santos, Joyce Elaine King

(EUA), Eliane Potyguara, Marcos Rodrigues da Silva, Ademil Lopes, Maria Célia Cota, Maria da Graça Mizukami, Marília Washington e eu própria;

• o encontro para mulheres negras – "Mulheres, Mães, Negras", realizado também em 1991, em colaboração com a Sociedade Recreativa Flor de Maio, que contou com a participação de mais de 40 interessadas, residentes em São Carlos e também em Poços de Caldas, além da presença da Professora Doutora Joyce Elaine King;

• a Exposição *Presença Negra em São Carlos*, realizada em 1995, no quadro de atividades comemorativas aos 300 anos da morte de Zumbi dos Palmares, promovida pelo Grupo de Cultura Afro-Brasileira da UFSCar, e para sua coordenação e realização contei com a participação da então estudante de Pedagogia, Regina Conceição;

• a primeira Oficina de Capoeira Angola do estado de São Paulo, em 1995, realizada em colaboração com o angoleiro e então estudante de doutorado em Engenharia Química, Guimes Rodrigues;

• em 1991, os professores Valter Roberto Silvério, das Ciências Sociais, Álvaro Rizzoli, da Filosofia, e também eu, professora do Departamento de Metodologia do Ensino, juntamente com integrantes do Grupo de Cultura Afro-Brasileira, fundamos o Núcleo de Estudos Afro-Brasileiros – NEAB/UFSCar, grupo de pesquisa, ensino, extensão e militância contra o racismo e a discriminação. Pouco depois juntou-se a nós a professora Lúcia Maria de Assunção Barbosa que viera a fazer parte do Departamento de Letras. Com estes colegas e nossos alunos, organizamos e participamos de estudos e atividades em busca de reconhecimento e reparações para negras e negros. Nos primeiros anos promovíamos anualmente um seminário e um curso sobre história e sociologia dos negros, sobre relações étnico-raciais. A partir do final dos anos 1990, fomos nos dedicando mais a cursos para formação de professores, focalizando direitos humanos, combate ao racismo e discriminações, ensino de história e culturas afro-brasileira e africana;

- neste âmbito de atuação, vimos exercendo militância contra o racismo e contra as discriminações, no seio de nossas tarefas de docentes e de pesquisadores. Por certo, há quem se interrogue sobre a possibilidade de fazer ciência e exercer militância concomitantemente.

Estou convencida de que não há incompatibilidades, se se concebe militância como ato de combater ativamente ideologias que cultivam e mantêm desigualdades entre pessoas e grupos, tais como a do racismo, a da incompetência dos pobres, a do machismo; se se realizam pesquisas, com objetivo, entre outros, de produzir conhecimentos que contribuam para sustentar a busca por justiça. Militância e pesquisa podem, pois, se combinarem num único esforço, com a finalidade de atingir compreensões de ações humanas, como a de se educar, indispensáveis para novas relações na sociedade.

Explicada a conjugação entre atuação profissional e militância, é tempo de expor a participação dos alunos, de suas múltiplas e únicas formas de aprender em minha trajetória, particularmente no esforço que faço para ensinar-lhes o que sei.

Capítulo VII

Aprendendo-ensinando-aprendendo

Os alunos, com suas aprendizagens e produções, tomam parte nas alegrias, percalços, dificuldades, e fornecem energia e justificativa para minhas realizações na docência, pesquisa, extensão. Eles participam do que sei e aprendi, seja quando oriento minha ação de professora baseada ou inspirada em resultados de estudos, seja quando questionam, interrogam com perguntas, gestos e atitudes, tais resultados. Participam também do que estou aprendendo e construindo, porque os consulto ou solicito que se envolvam intencionalmente em buscas. E como não poderia deixar de ser, com eles aprendo.

Na sala de aula e nos encontros de orientação de pesquisa, os estudos que vimos realizando fecundam os esforços para ensinar e despertar o gosto dos alunos por aprender. Assim, as diversas disciplinas que tenho lecionado, de modo especial Educação e Identidade Cultural (PPGE/PUC/RS), Teoria da Educação – aportes de africanidades, Práticas Sociais e Processos Educativos (PPGE/UFSCar), Didáticas e Relações Étnico-raciais (Pedagogia/UFSCar) – foram concebidas tendo os alunos como importante referência, bem como, é claro, as experiências que ao longo da vida vou construindo.

Uma influência que considero fundamental para o ensinar, que venho elaborando, diz respeito aos contornos e significados de aprender que identifiquei no Limoeiro, anos mais tarde também na África do Sul e em conversas com colegas africanos, oriundos de diferentes regiões. Certo dia, surpreendi-me com a afirmação de Maria Enilda, uma das professoras com quem dividi a docência na escola do Limoeiro, de que não tinha aprendido a plantar. Eu havia presenciado a habilidade com que seus alunos, por ela orientados, haviam preparado um canteiro e plantado hortaliças que brotavam. Respondeu-me que sabia fazer horta, mas não havia aprendido, pois embora acompanhasse a mãe, quando era criança, nunca tinha assumido uma obrigação. Por isso ela sabia o que fazer, mas não era capaz de resolver quando aparecia dificuldade. Por exemplo, não sabia como tratar um terreno arenoso como o da escola, viu-se obrigada a chamar quem o soubesse. Se tivesse aprendido, saberia como proceder. "Sem ter obrigação de fazer, de cuidar, de ter resultado do próprio esforço, a gente não aprende. Até sabe como fazer, mas não sai das dificuldades."

A partir daí tenho assumido compreensão e postura, enraizada na sabedoria africana, para incentivar meus alunos em suas aprendizagens. Aprender requer uma atitude fundamental – atenção e respeito aos mais experientes, o que não significa submissão, embora até possa se confundir. Requer trabalho cuidadoso, esforço para interpretar dados e situações, enfrentar dificuldades, resolver problemas, planejar empreendimentos. Para aprender é preciso que alguém mais experiente se disponha a demonstrar, a acompanhar a realização das tarefas sem interferir, a aprovar o resultado, ou a exigir que se refaça.

Vindos, não com pouca frequência, de experiências educativas que Paulo Freire designaria como "bancárias", os alunos e alunas reagem, manifestando o desejo de preferencialmente ouvir exposições, preleções da professora, em vez de assumir plenamente sua identidade de estudante, ou seja, de pessoa curiosa que se aplica a ler, buscar fontes, observar, analisar, inquirir, realizar ensaios, avaliar resultados e procedimentos, tentar soluções autonomamente.

Outra contribuição bastante importante para meu jeito de ensinar vem da pesquisa em Santa Cruz do Sul, de um grupo de jovens que cursavam a Habilitação Magistério no colégio das freiras e, incentivadas pelas discussões no União e Consciência Negra, escreveram a seus professores pedindo que observassem seu "braço levantado querendo participar dos debates", que não desconhecessem que eram negras e as apoiassem na construção de seu pertencimento étnico-racial. A iniciativa dessas moças tem-me levado a inquirir quais seriam as especificidades de cada um de meus alunos e alunas que quereriam evidenciar, reforçar e que, para tanto, precisariam contar com meu apoio. Como descobri-las? Meu esforço neste sentido nem sempre é bem-sucedido, pois os alunos se veem acostumados a esconder suas peculiaridades e diferenças, diante do peso de uniformidade imaginada e tratada como se fosse real, por nós professores. Mas sempre há um ou outro que deixa sua indignação transbordar os limites da tolerância ao desprezo, à falta de reconhecimento. Nestas condições manifestaram-se: uma jovem de família que, sem recursos para contratar enfermeira, contava com ela para cuidar da mãe doente e que, às vezes, faltava às aulas para fazê-lo; a nordestina que não aguentava mais ser tratada como se não devesse estar nos bancos universitários; o rapaz *gay* que precisava assumir atitudes arrogantes para não ser agredido abertamente.

Não é tarefa fácil e avalio ter pouco êxito, uma vez que os alunos preferem não se expor. Em meu entender, desconfiam da sinceridade dos professores, pois são muitos anos de escolarização, aprendendo lugar de professor e de aluno, papel de professor e de aluno. Foi-lhes sobejamente ensinado que todos os alunos são iguais, melhor dizendo, uniformes, e o que conta é a matéria a ser respondida em provas e trabalhos, obedecendo ao ponto de vista do professor. Enfim, a maior parte dos alunos foi convencida de que é mais importante saber do que aprender, diferentemente do que se pensa no Limoeiro.

Outra contribuição de pesquisa para minha relação com os alunos teve origem no trabalho realizado em escola de bairro da periferia de São Carlos, onde foi possível observar que a turbulência, a indisciplina, a oposição aos desejos e determinações dos professores eram indicadores de maneiras distintas de pensar e de enfrentar a vida, as discriminações da sociedade e as relações duras entre pessoas. Eram formas utilizadas pelos meninos e meninas, para reagirem diante da impossibilidade de terem respeitados o direito de aprender, o espaço e o tempo necessários para se manifestarem. Os alunos nunca são passivos, descobríamos, eu e orientandos que realizávamos a pesquisa, mesmo quando "entram mudos e saem calados". Má-criação pode ser sinal de resistência a um tratamento uniforme para todos, com a ilusão de assim se estar tratando a todos com igualdade.[48]

Esta decisiva constatação levou-me a questionar de modo mais contundente o corpo de conhecimentos, importantes, porque historicamente construídos pela humanidade, que todos concordamos ter de ensinar. Por que estes conhecimentos são sempre oriundos da Europa ou selecionados na perspectiva de interesses das chamadas nações ricas? Como considerar as especificidades dos afrodescendentes, dos ciganos, dos indígenas, das pessoas em luta por terra, moradia, trabalho, utilizando perspectivas que lhes são alheias? Como valorizar essas especificidades nas salas de aula, se os que delas são portadores, muitas vezes, talvez quase sempre, as escondem para se verem aceitos, valorizados? Tais perguntas me acompanham e me fizeram ver a necessidade de reeducarmos relações étnico-raciais, bem como outras relações sociais, se tivermos

[48] SILVA, P. B. G. *Da vida para a escola e da escola para a vida:* questões que se põem à Didática e à Prática de Ensino. São Carlos: DME/UFSCar, 1993. (Trabalho apresentado no painel "Saber emancipatório na formação do professor", no IV ENDIPE).

sinceramente o intuito de contribuir para a formação de cidadãs e cidadãos que trabalhem por uma sociedade justa.

Diante dessas questões e constatações, vi-me comprometida a incluir, entre os critérios para avaliar a pertinência e relevância dos estudos que realizo, sua contribuição para processos de aprender-ensinar-aprender.

Os alunos com quem trabalho, conforme já disse, não apenas compartilham resultados de investigações que realizo. Eles também contribuem direta ou indiretamente para seu desenvolvimento. Seja porque formalmente os consulto, seja porque ponho à prova, durante nossas discussões, suposições, hipóteses, certezas e dúvidas. Um bom exemplo disto é a problemática das relações étnico-raciais que, na primeira fase de estudos, designei como interétnicas.

Com os alunos, neste caso em sua maioria de graduação, chegamos à questão que orientou o estudo sobre espaços para a educação das relações interétnicas (Silva, 1998):[49] "A diversidade étnica e o pluralismo cultural no Brasil, que exigências estão a fazer aos educadores empenhados no fortalecimento da dignidade humana?" Também com eles, foi se construindo a compreensão de que a organização de currículos, programas de ensino, projetos de pesquisa em educação que tenham como propósito a construção de uma socieda-

[49] SILVA, P. B. G. "Espaços para a educação das relações interétnicas: contribuições da produção científica e da prática docente, entre gaúchos, sobre negro e educação". *In:* SILVA, L. H. (Org.) *A escola cidadã no contexto da globalização.* Porto Alegre: Vozes, 1998. p. 381-396.

de justa, constitui tarefa de todos os implicados – professores, gestores, estudantes e também comunidade – se ela tiver como critério fundamental o fortalecimento da dignidade de todos e de cada um.

Naquela oportunidade, juntos explicitamos que dignidade deve ser entendida como o direito de ser distinto, expressando-se cada um com os valores de seu grupo étnico-racial e de outros grupos sociais em que se insira, usufruindo iguais direitos civis, sociais, culturais, políticos, econômicos e batalhando para que assim o seja, assumindo funções políticas, a começar pela comunidade onde vive, ao participar de análise de necessidades, de decisões, da formulação, execução, avaliação de projetos, da busca de recursos para implementá-los, executá-los.

Tais entendimentos, de minha parte, já vinham sendo gestados em atividades desenvolvidas com estudantes, como, por exemplo, o Seminário em Educação "O negro brasileiro Educação e Cultura", que coordenei junto ao PPGE/PUC/RS, em junho de 1988, em promoção conjunta entre PUC/RS e ULBRA. Outros exemplos são atividades do NEAB/UFSCar, em que, sob minha coordenação ou acompanhamento, estudantes de graduação e de pós-graduação vêm desenvolvendo atividades de extensão que têm resultado ou gerado estudos. Entre estes, cabe destacar: em 2000, "Roda de Poemas com Tesouros Vivos da Cultura Afro-Brasileira"; em 2005, "Inauguração da Coleção Tereza Santos", "Roda de Conversas com Tereza Santos"; em 2006, a pesquisa realizada por estudantes de graduação integrantes do Programa Conexões dos Saberes com a população negra de

São Carlos, por ocasião dos 150 anos da cidade;[50] em 2006, a Roda de Conversas sobre Excelência Acadêmica, em parceria com a PUC/RS,[51] da qual participaram pesquisadores da UFSCar, de universidades estadunidenses e africanas.[52] Finalmente, cabe destacar o curso para servidores técnico-administrativos sobre educação das relações étnico-raciais, realizado na UFSCar, no primeiro semestre de 2010.

Na mesma linha de trabalho e concepções, estudantes de mestrado, de doutorado, e eu, montamos e apresentamos, a convite do GT – Ensino Fundamental, na reunião anual da ANPED, em 2001, o minicurso "Multiculturalismo e Ensino Fundamental",[53] assim como publicação distribuída aos participantes do minicurso,[54] formada por onze contribuições, das quais dez de orientandos, ex-orientandos, alunos e ex-alunos.

Nesta oportunidade, buscando estudar diferentes facetas do multiculturalismo, fizemos face ao conceito de civilização – central para a educação das relações étnico-raciais – uma vez que ainda

[50] BONI, A. P. *et al In:* GOMES BARBOSA, J. L.; SILVA, J. S., SOUZA, A. I. *Ações Afirmativa e desigualdades na universidade brasileira.* Rio de Janeiro: UFRJ, Pró-reitoria de Extensão, 2010, p. 329-360.

[51] SILVA, P. B. G.; BERNARDES, N. M. G. "Roda de Conversas – Excelência acadêmica e diversidade". *In: Educação*, Porto Alegre, v. 30, p. 53-92, 2007.

[52] Geórgia Sta University, Medgar Evers College, Université du Mali.

[53] SILVA, P. B. G.; BRITO, Â. E. C.; CÂMARA, E. *Multiculturalismo e ensino fundamental.* Minicurso/ANPED. São Carlos: UFSCar, DME, NEAB, 2001.

[54] SILVA, P. B. G.; CÂMARA, E.; MONTEIRO, H. (Org.). *Multiculturalismo e ensino fundamental; da pesquisa à sala de aula.* São Carlos: UFSCar, DME, NEAB, 2001.

é corrente o entendimento de que os pretensamente incapazes de fazer uso da lógica própria ao pensamento europeu estariam fora da civilização, ou fariam parte de civilização de menor apreço. Problematizamos o significado de civilização e de educação, difundidos por esta perspectiva e concluímos, nos debates com os participantes do minicurso, que, mais do que o termo civilização a redimensionar, teríamos de lidar com as posturas e atitudes discriminatórias que ele gerou e gera, notadamente em ambientes escolares e universitários, incentivando desigualdades.

Com preocupações como estas, sete estudantes de pós-graduação e graduação com atividades no NEAB/UFSCar, e eu, aceitamos o convite da Prefeitura Municipal de São Carlos para organizar e ministrar curso sobre "Diversidade e Etnia", para quarenta professores e outros educadores, na "Oficina Gerando Cidadania – reflexões, propostas e construções práticas sobre direitos da criança e do adolescente".[55] Ficou frisada nesta experiência a importância de os educadores aprenderem a se aproximar e conhecer maneiras de ser, viver, pensar e trabalhar que marcam diferenças entre pessoas e grupos. Mais do que isso, ficou evidente a necessidade de se buscar compreendê-las, o que exige esforço para reconhecer a diversidade de experiências de vida presente nos ambientes onde executamos nossas tarefas de educadores.

---

[55] CÂMARA, E.; BEDANI, V. M.; SILVA, P. B. G. "Gerando Cidadania: diversidade e etnia". *In:* SOLFA, G. C. (Org.). *Gerando Cidadania.* São Carlos: RIMASA, 2004.

Por caminhos como estes, tenho conduzido a orientação de dissertações e teses cuja elaboração e resultados concorrem para minhas reflexões e atividades de pesquisa, para maior esmero na atuação como professora e orientadora.

Boa parte do burilar os caminhos teórico-metodológicos que adoto vai sendo feita nas tensões e distensões do processo de orientar a realização de pesquisas. Até o presente, foram defendidas sob minha orientação 35 dissertações de Mestrado e 11 teses de Doutorado. Todas elas abordam *processos de ensinar e de aprender*, situados em práticas sociais não escolares ou em ambientes de escolarização. Podem ser agrupadas do seguinte modo: ensino-aprendizagem na área da saúde (3); na área da gestão de sistemas de ensino (3); na de experiências pedagógicas (4); na de formação de professores (3); na de educação de pessoas com necessidades especiais (3); na de práticas entre estudantes (3); na de crianças, escola e trabalho (1); na de objetivos da educação (1); na de relações étnico-raciais (20). Encontram-se em fase de elaboração 2 dissertações de Mestrado e 3 teses de Doutorado, todas na área das relações étnico-raciais.

Em nossas trocas, orientandos e orientadora temos chegado à compreensão de que processos educativos, contrariamente ao que já tínhamos muitas vezes afirmado, não partem do ensinar para aprender, mas do aprender que não só permite, instiga a ensinar, como supõe o compromisso ético de fazê-lo. Em outras palavras, o que aprendo, tenho de passar para outros. Assim, na relação que se estabelece entre quem se propõe a ensinar e quem se dispõe a aprender, novas aprendizagens se desencadeiam também para aquele que difunde seus conhecimentos. Tal compreensão repercute em nossas ações de professores, alunos, uns e outros pesquisadores.

Para formulações, críticas, propostas que constituem nossos estudos, temos buscado aportes na Fenomenologia. Melhor dizendo, os motivos e compromissos que nos levam a aprender, ensinar, pesquisar, indicam-nos convenientes posturas que se inspiram na Fenomenologia. Isto porque entendemos que (Silva, 1990; 2005):[56]

- o objeto cuja compreensão é buscada, ao se empreender uma pesquisa, não é passivo em relação a quem o investiga. Objeto é o que se oferece ao conhecimento de cada pessoa, por meio de seus sentidos, sua percepção, inclusive de seus sentimentos, e que ela tem interesse em compreender cada vez melhor. No caso das pesquisas que realizamos, tal objeto são processos educativos, relações entre pessoas com jeitos próprios de aprender e de ensinar. Orientandos e orientadora, precipuamente estudantes, nos fazemos e somos reconhecidos pesquisadores, quando nos integramos a ambientes e processos em que temos permissão para nos inserir e

[56] SILVA, P . B. G. "Pesquisa em educação, com base na fenomenologia". *In: Pesquisa em Serviço Social,* Rio de Janeiro, v. 1, n. 1, 1990; _______. Pesquisa e luta por reconhecimento e cidadania. *In:* ABRAMOWICZ, A.; SILVERIO, V. R. (Org.). *Afirmando diferenças, montando o quebra-cabeça da diversidade na escola.* Campinas: Papirus, 2005, p. 27-54.

investigar. O acesso a significados e dimensões do objeto de estudos só nos é possível construir em colaboração com aqueles que originalmente fazem parte do processo observado;

• nesta perspectiva, um dos critérios para avaliar o rigor científico da pesquisa é a presença, na coleta de dados, dos originários do processo observado, bem como sua avaliação das análises feitas pelo pesquisador, pois não são meros informantes. Constituem-se sujeitos que investigam, ao inquirir sua própria experiência e expor dados, informações para os pesquisadores provindos da academia ou dos institutos de pesquisa;

• os conhecimentos científicos não são os únicos valiosos para a humanidade, há outras formas de conhecer que são úteis e das quais as ciências podem se valer. Os saberes acadêmicos não significam os mais nobres, os saberes ditos populares são igualmente importantes e devem ser respeitados enquanto produções de povos, comunidades, culturas nas suas particularidades. O diálogo entre saberes acadêmicos e populares gera conhecimentos valiosos para a Pedagogia, entendida como ciência da educação, focada nos processos educativos;

• estudos científicos não se restringem àqueles que visam a comprovar hipóteses, que se interessam pelo que pode ser generalizado. Quando tratam de questões ligadas à diversidade das sociedades, a relações étnico-raciais, convém que focalizem o peculiar, o particular dos processos observados.

Considerações como a que vimos de fazer têm instigado conversas e trabalhos com colegas sobre a formação de pesquisadores, abrangendo, por exemplo, questões como as relativas a: ética e processos de pesquisar;[57] distinções e aproximações entre pesquisa e intervenção;[58] balanço do processo formativo de pesquisadores iniciantes pelo Concurso "Negro e Educação";[59] pesquisa e cidadania.[60]

Tais trocas levam a que se chegue, hoje, à proposta de que a formação de pesquisadores se faça em combinação de práticas pedagógicas com práticas científicas, em diálogo entre diferentes visões de educação e de ciência formuladas nas perspectivas das culturas em que cada um dos participantes do processo formativo, tanto orientador como orientandos, vão-se formando pessoa, cidadã(ão), pesquisadora(or).

Esforços para a orientação de postura investigativa, como a que se vem de mencionar, são frutos de trabalho em disciplinas, no-

---

57 SILVA, P. B. G. "Anotações sobre ética, movimentos sociais, pesquisas". *In:* JACQUES, M. G. C. *et al.* (Org.). *Relações sociais e ética.* Porto Alegre: ABRAPSO – Regional Sul, 1995, p. 233-239.

58 SILVA; O. *Pesquisa e intervenção.* São Carlos: Grupo de Pesquisa Prática Sociais e Processos Educativos, 2000.

59 SILVA, P. B. G.; PINTO, R. P. Formação de pesquisadores no contexto do I Concurso Negro e Educação. *In:* ______. (Org.). *Negro e educação:* presença do negro no sistema educacional brasileiro. São Paulo: Ação Educativa, ANPED, 2001, p.7- 9.

60 SILVA, P. B. G.; OLIVERA-ARAÚJO, S. S. *Cidadania, Ética e Diversidade: Desafios para a Formação em Pesquisa.* São Carlos. UFSCar; Cuernavaca, UAEM, 2004. (Trabalho apresentado no VI Encuentro – Corredor De Las Ideas Del Cono Sur "Sociedad Civil, Democracia e Integración – Montevideo – 12 Marzo 2004).

tadamente nos cursos de Mestrado e Doutorado do PPGE/UFSCar, de atividades do Núcleo de Estudos Afro-Brasileiros da UFSCar, do Grupo de Pesquisa Práticas Sociais e Processos Educativos, enfatizando-se perspectivas e produção de conhecimentos científicos e populares, no mundo Africano e na América Latina.

Capítulo VIII

Educação das relações étnico-raciais e ações afirmativas

A dimensão de nossa responsabilidade de mulheres e homens negros e também dos não negros, particularmente de professores e pesquisadores, para com o combate ao racismo, sem dúvida alguma, é demarcada pelos sofrimentos impingidos aos negros – crianças, adolescentes, jovens e adultos – em todos os âmbitos da sociedade, inclusive nos estabelecimentos de ensino. Também o é por nosso desejo de afrodescendentes, de ver a história e a cultura de nosso povo incluídas nos currículos escolares, assim como é marcada pela urgência e pertinência da implantação de políticas reparatórias e de ações afirmativas.

O trabalho compartilhado, a troca de informações, a contribuição mútua, a participação em atividades científicas e políticas, a alegria do convívio gratuito entre colegas vêm tornando possível conjugar as lidas da vida, da profissão, da militância, e têm ajudado o não-esmorecimento diante dos efeitos cruéis do embranquecimento de mentes, da fuga das raízes africanas para tentar sobreviver com menos dor, numa sociedade que sempre rejeitou os negros.

Neste clima, com integrantes do Grupo de Professoras Negras de São Carlos,[61] nascido dos debates no primeiro curso realizado no município sobre relações étnico-raciais,[62] tive a chance de discutir sobre nossa atuação de professoras negras no combate ao racismo.

Resolvemos, depois de muito trocar ideias, coletar e organizar dados sobre nossas experiências de professoras, escrever um trabalho. O Grupo chegou a submeter um projeto à Fundação Ford, que não foi aprovado. Quando veio o convite para participarmos da reunião anual da American Educational Research Association – AERA, em São Francisco, Califórnia, em 1992, coube a mim apresentar um texto, o qual resultou mais tarde numa publicação.[63] Sem nos darmos conta, estávamos fazendo um dos primeiros estudos, no Brasil, com e sobre professoras negras. Coincidentemente, naquele simpósio, pela primeira vez, na AERA, foram apresentados trabalhos sobre professoras negras e por professoras negras.

Como se verá, nossas conversas e debates forneceram indicações úteis para educação das relações étnico-raciais, para conceber pedagogia antirracista.

---

[61] Professoras Maria Anézia Baltazar de Oliveira, Vera Lúcia Cirino, Maria Luiza da Silva e Maria de Lurdes Romão da rede estadual de ensino de São Carlos.

[62] "Escola e Discriminações – negros, índios e cultura erudita", organizado pelo Departamento de Metodologia do Ensino/UFScar.

[63] SILVA, P. B. G. "Quebrando o silêncio: resistência de professores negros ao racismo". *In:* SERBINO, R.; GRAND M. A. L. *A escola e seus alunos:* estudos sobre a diversidade cultural. 1. reimp. São Paulo, Ed. Unesp, 1995, p. 91-105.

Depois de muitas histórias e análises, constatamos que o objetivo da atuação de professores negros que conhecíamos, de modo particular de professoras, era *enegrecer* as escolas, não como antônimo de embranquecer, não para absorver os brancos a um modo de ser negro. O que se tinha em mente, enquanto afrodescendentes, era que todos os brasileiros viessem a conhecer os legados africanos no Brasil e, por isso, esperávamos, passassem a valorizá-los. Tínhamos o propósito de divulgar informações e incentivar professores de diferentes pertencimentos étnico-raciais a construir modos de ensinar capazes de desmontar justificativas socialmente aceitas para a miséria, o racismo, o sexismo, a destruição do meio ambiente, as guerras. Dessa forma, indicávamos caminhos para uma pedagogia que combatesse o racismo e toda sorte de discriminações.

Perguntávamo-nos naquela época, e ainda nos perguntamos, e com esta questão vimos orientando nossas ações: "A experiência de ser professor(a) negro(a), de ser negro(a), pode tornar-se instrumento para criação de uma escola realmente humana e humanizante?" De certa forma, as pesquisas de professoras negras que vim mais tarde a orientar ofereceram algumas respostas.[64]

No trabalho com o Grupo de Professoras Negras de São Carlos, constatamos que não éramos poucas, nem as primeiras professoras

---

[64] OLIVEIRA, R. *Preconceito, discriminações e formação de professores* – do proposto ao alcançado. 2001. Tese (Doutorado em Educação) – Universidade Federal de São Carlos, São Carlos, 2001.

a batalhar para diminuir os efeitos e atitudes racistas contra nossos alunos negros, contudo nosso trabalho era solitário, às vezes um acordo tácito entre nós e os alunos negros. Sinalizávamos o desejo de fazer valer nosso direito de ser diferentes, negras, e de termos garantido o direito ao respeito, à consideração.

Lamentavelmente, o Grupo de Professoras Negras não subsistiu à pressão de colegas não negras de escolas da rede pública de Ensino Fundamental, as quais diziam sentir-se excluídas e acusavam o Grupo de Professoras Negras de segregacionismo ou de racismo às avessas.

Na mesma linha de preocupações de como combater o racismo entre crianças, como fortalecer as negras, propusemos, Rachel de Oliveira[65] e eu, uma discussão sobre "A criança negra na escola: contribuição para uma proposta político-pedagógica",[66] trabalho que veio a ser discutido na 17ª Reunião Anual da ANPED, no GT Movimentos Sociais e Educação. Tínhamos o propósito de pôr em pauta direcionamentos para política pedagógica que fizesse das escolas lugares propícios para superação de discriminações cultivadas pela sociedade. Não pretendíamos oferecer ideias pioneiras, pois há muito o Movimento Negro atravessara os portões das escolas, proferin-

[65] Professora doutora, em exercício na rede pública de São Paulo.

[66] SILVA, P. B. G.; OLIVEIRA, R. *A Criança negra na escola*: contribuições para uma proposta político-pedagógica. São Carlos: UFSCar/DME, USP, 1993. (Trabalho apresentado na 17ª Reunião Anual da ANPED, no GT Movimentos Sociais e Educação).

do palestras, denunciando o racismo, fazendo propostas de inclusão de história e cultura negras nos currículos escolares, sempre com a finalidade de que a educação escolar fosse valiosa para todos os segmentos da população brasileira.

Empenhávamo-nos, Rachel e eu, para que se começasse a interpretar gestos, posturas e atitudes dos alunos negros, tendo em vista a experiência de ser negro numa sociedade racista. Pretendíamos que se avaliassem resistências, tidas como má-criação, obstinação, teimosia, na perspectiva de quem pretende ser reconhecido, sem se submeter a relações inumanas dirigidas, cotidianamente, aos negros.

Para tanto, fizemos apelo a Amílcar Cabral (1975), líder da libertação política de países africanos, que afirmava poder-se testemunhar resistência à opressão, em gestos que se opõem à agressão de ser desvalorizado, espezinhado, desrespeitado. No entender deste autor, quem resiste tem consciência dos objetivos a perseguir, coragem para enfrentar obstáculos, engajamento para superar opressões. Por isso, resistir é um ato político.

Salientamos, no referido trabalho, a necessidade de elaboração de currículos interétnicos que escancarem e discutam as difíceis relações entre brancos e negros, e também as relações tortuosas entre abastados e empobrecidos, entre homens e mulheres. Currículos que deem visibilidade à diversidade histórica e cultural de cada região brasileira, contemplem a história da África e dos afrodescendentes na Diáspora, desconstruam o racismo. Tudo isto se faz necessário para nos reeducarmos e aprendermos a conviver com respeito, valorizando nossas diferenças.

Movia-nos o sofrimento a que crianças negras são cotidianamente submetidas, ao serem ignoradas, maltratadas e ao verem o povo de quem descendem ser desprestigiado. Buscávamos chamar a atenção para o fato de que o sofrimento faz parte da construção das pessoas negras, o que não redunda necessariamente em resignação ou em querer passar por brancos; ao contrário, incentiva a melhor conhecer e exibir sua africanidade (SILVA, 1988).

Assim, por meio da divulgação de estudos, na companhia de colegas professores negros e de companheiros do Movimento Negro, tenho registrado protesto pelo direito de termos, negros, nossa identidade étnico-racial reconhecida e apreciada em sua radicalidade.

Ora, fazer face a preconceitos, estereótipos, discriminações dirigidos aos negros, provoca o conhecimento de que pertencentes a outros grupos sociais também são permanentemente agredidos: os não brancos, de raízes não europeias, tais como povos indígenas, ciganos. São também desprestigiadas, pessoas deficientes, as que moram em condições precárias, atingiram idade avançada, expressam sexualidade reprovada por alguns, não correspodem à aparência física tida como hegemônica, como é o caso de anões, albinos. Desta forma, as discriminações que redundam em desigualdade nos direitos, obrigam-nos a descobrir a diversidade que compõe a sociedade em que vivemos, atuamos, e por sua humanização somos todos responsáveis.

Advertidos por esta realidade, Luiz Alberto Gonçalves e eu nos indignamos, trocamos ideias e resolvemos produzir, em 1998, um ensaio, hoje em sua quarta edição,[67] e mais tarde um artigo[68] em que avançamos em nossas reflexões sobre o multiculturalismo das sociedades e contextos em que se expõe e fortalece. Sendo nós, professores universitários, a produção acadêmica representa um dos instrumentos de luta com que contamos contra as desigualdades e o racismo.

Nessa perspectiva, ponderamos sobre o fato de que a pessoas em situação de privilégios sociais não interessam políticas multiculturalistas, consideradas imprescindíveis por grupos sociais de origem étnico--racial não branca, não europeia, excluídos dos centros de decisão, por razões apontadas como lacuna educacional, não apropriação da cultura que se pretende hegemônica, falta de poder econômico, o que impediria a participação política.

Nesse mesmo rumo de considerações, refutamos afirmativas de que a diversidade dos grupos do Movimento Negro seria fruto de desentendimentos, de falta de perspectivas comuns. Julgamentos nesse sentido, em nosso entender, demonstram falta de compreensão da variabilidade de ações de atores informados por

---

[67] GONÇALVES, L. A. O.; SILVA, P. B. G. *O jogo das diferenças*: o multiculturalismo e seus contextos. 3. ed. Belo Horizonte: Autêntica, 2001.

[68] SILVA, P. B. G.; GONÇALVES, L. A. O. "Multiculturalismo e educação: do protesto de rua a propostas políticas". *In: Revista da Faculdade de Educação*. São Paulo, v. 29, p. 109-125, 2003.

escolhas ideológicas e raízes africanas distintas. Atores que em sua diversidade, no interior do Movimento Negro, reformulam o conceito de resistência, de luta política, levando este importante movimento social a adquirir conotações distintas, em contextos socio-históricos diversos.

No curso das análises feitas nos citados trabalhos, Luiz e eu destacamos que as ações e movimentos multiculturalistas, contrariamente ao que consideram muitos educadores, não têm sua origem no campo da educação. Nascem nas artes, em protestos nas ruas e vão expandindo ideias, estratégias, até se introduzirem nos meios acadêmicos e escolares, com a presença e a pressão de representantes dos ditos marginalizados.

É assim que se estabelecem políticas educacionais de interesse das populações postas à margem, em virtude das estruturas excludentes admitidas pela sociedade. Por exemplo, o movimento dos negros estadunidenses por direitos civis, nos anos 1960, pressionou para a introdução nas universidades, não só dos "Black Studies", mas também de outros estudos étnicos, além dos estudos de gênero. Não diferente ocorreu na França, onde pela primeira vez no mundo, por meio da Lei Taubira de 2001, o tráfico de africanos e a escravidão foram reconhecidos como crimes contra a humanidade e determinou-se que passassem a ser objeto de estudo nas escolas. Nossa experiência no Brasil é semelhante, pois a introdução do ensino de história e cultura afro-brasileira, africana e dos povos indígenas – nos termos das Leis nº 10.639/2003 e nº 11.645/2008, que alteraram a Lei nº 9.394/1996 de Diretrizes e Bases da Educação Nacional, e das determinações do Parecer CNE/CP3/2004 e da Resolução CNE/CP 1/2004[69] – tem sua origem nos movimentos negros e dos povos indígenas.

Certos, pois, de que as políticas multiculturalistas provinham de ações e de movimentos sociais, pareceu-nos, a Luiz e a mim, que deveríamos nos dedicar, como já o fizera Gomes, a explicitar contribuições do Movimento Negro para a educação dos negros e de todos os brasileiros. Pareceu-nos oportuno aceitar o convite do colega Professor Antônio Flávio Moreira e escrever um artigo sobre Movimento Negro e Educação.[70] Para tanto, nos dedicamos a coletar informações, em diferentes fontes, sobre ações e reivindicações dos negros para sua educação e, saliente-se, de todos os brasileiros. Constatamos que os sistemas e estabelecimentos precisam se valer de conhecimentos e procedimentos educativos, elaborados por diferentes grupos que foram compondo o Movimento Negro ao longo do século XX. Além do mais, comprovamos que a educação para a cidadania, tão propalada nos discursos dos sistemas de ensino e seus professores, no caso dos negros, tem ficado a cargo do Movimento Negro.

Aliás, não tem sido diferente o ocorrido entre os povos indígenas, as pessoas em luta pela terra, entre tantos outros. Sobre isto, tive

---

[69] Estes documentos legais tratam das Diretrizes Curriculares Nacionais para a Educação das Relações Étnico-raciais e para o Ensino de História e Cultura Afro-Brasileira e Africana.

[70] GONÇALVES, L. A. G.; SILVA, P. B. G. "Movimento negro e educação". *In: Revista Brasileira de Educação*, Rio de Janeiro, n. 15 (especial), p. 134-158, set./dez. 2000.

oportunidade de, a convite do pesquisador Professor James Banks – que ao lado de outros colegas estadounidenses introduziu, nos anos 1970, a discussão do multiculturalismo na educação –, apresentar no Instituto da Rockfeller Foundation em Bellagio, Itália, trabalho sobre cidadania e educação no Brasil, abordando a contribuição dos que lutam por cidadania/reconhecimento.[71, 72] Naquela oportunidade, argumentei que, para formar cidadãos que labutam por uma sociedade justa, prescindem, os sistemas de ensino, da colaboração dos movimentos sociais. Entre eles, há muito, vêm sendo produzidos conhecimentos, organizadas estratégias para a reeducação de relações sociais, quando agem por igualdade de direitos, participação efetiva nas decisões para condução da sociedade.

Mais do que isso, os movimentos sociais têm condições de oferecer, aos sistemas de ensino, sugestões de critérios que auxiliem a avaliar a excelência do oferecido nos diferentes níveis de formação

---

[71] SILVA, P. B. G. "Citizenship and education in Brazil: the contribution of Inidian Peoples and Blacks in the struggle for citinzenship and recognition". *In:* BANKS, J. A. (Org.). *Diversity and citizenship education:* global perspectives. San Francisco: Jossey Bass, 2003, p.185-218.

[72] SILVA, P B.G. e. *Cidadania e Educação no Brasil:* a contribuição dos que lutam por cidadania/reconhecimento. São Carlos: UFSCar, NEAB, DME, 2002. (trabalho apresentado na reunião de Belagio, organizada pelo Professor Dr. James A. Banks diretor do Center for Multicultural Education at the University of Washington); ______. Citizenship and education in Brzail; the contribution of Indian Peoples and Blacks in the struggle for Citizenship and Recognition. *In:* BANKS, J. A. (Org.). *Diversity andccitizenship Education:* global perspectives. San Francisco, Jossey-Bass, 2004, p. 185-214.

e estudos, inclusive no acadêmico-científico. Em outras palavras, entendem, eles, que devem participar da avaliação do alcance de políticas que pretendem contemplar suas demandas e propostas.[73] No entender dos movimentos sociais, a qualidade da formação precisa ser avaliada nos diferentes níveis de ensino e não pode se ater somente a provas, ensaios, teses; tem de considerar também a qualidade das interações entre estudantes de distintos grupos sociais e pertencimentos étnico-raciais, assim como entre eles e seus professores. Precisa ainda ser avaliada quanto a possibilidades que se criam para intercâmbio entre os conhecimentos científicos e outros produzidos fora dos laboratórios e normas das ciências, no dia-a-dia de comunidades social e culturalmente diversas.

Mais ainda, os movimentos sociais, particularmente o Movimento Negro, reconhecem que a sociedade, em rede de relações objetivas, envolve e conforma a todos enquanto pessoas e cidadãos, buscando manter estrutura hierárquica de poder e de influências que tenta garantir privilégios para uns em detrimento dos direitos de outros. Diante disso, os movimentos sociais propõem, à academia, que busque superar relações desumanas, discriminatórias, produzindo e divulgando conhecimentos no sentido de criticá-las e torná-las justas para todos. E que não se diga que isso é tarefa

[73] SILVA, P. B. G.; ARAUJO-OLIVERA, S. S. "Achieving qualitu education for Indigenous peoples and Blacks in Brazil". *In:* BANKS, J. A. *The Routledge International Companion to Multicultural Education.* New York; London: Toutleedge, 2009, p. 526-539.

unicamente das Ciências Humanas, há que lembrar que todas as ciências são criações humanas e devem dignificar cada ser humano.

Nesta mesma linha de ponderações, Nilma Lino Gomes e eu, inquietas com o silêncio dos cursos de formação de professores e de pesquisas no campo da Pedagogia, diante da, cada vez mais, evidente diversidade da sociedade, notadamente a étnico-racial do ponto de vista dos negros, resolvemos convocar colegas que se dispusessem a reunir num livro, observações, constatações, propostas, experiências, reflexões.

Reunimos trabalhos redigidos na perspectiva de judeus, ciganos, povos indígenas, africanos, afro-estadunidenses, uruguaios, que levaram a indagações como: "Ao conhecer a realidade dos alunos, as educadoras e educadores têm-se debruçado com seriedade sobre as questões culturais, étnicas, raciais e de gênero? O que fazer para que seja superada a baixa autoestima causada por situações de exposição a atitudes etnocêntricas, racistas e discriminatórias que deixam profundas marcas na história de vida de alunos(as) e professores(as)?".[74]

Há muito, venho me deparando com questões como essas. Desde 1990, movidas por elas, a Professora Joyce Elaine King, da Geórgia State University, e eu, vimos trocando ideias, elaborando conhecimentos. Em 1991, o Departamento de Metodologia de Ensino/UFSCar, concordou em que a convidasse para estágio de pesquisadora visitante. Contando

[74] GOMES, N. L.; SILVA, P. B. G. (Org.). *Experiências étnico-culturais para formação de professores*. Belo Horizonte: Autêntica, 2002.

com o apoio da FAPESP, Joyce fez inserção no meio acadêmico brasileiro, tendo proferido conferência de abertura do Doutorado em Educação – Metodologia do Ensino da UFSCar, e também no universo da população negra brasileira, tendo realizado conversas e trocado informações com mulheres negras, mães, e com professores.

Ao longo desses anos temos discutido e buscado respostas que nem sempre encontramos. Os simpósios, oficinas, cursos que temos concebido e de que temos participado, ao lado de colegas como os Doutores Hassimi Maiga, Ibrahim Seck Mwalimu Shujaa, Kofi Molotey, Gloria Landson-Billings, Anette Henry, Beverly Lindsey, Linda Tillman, Sylvia Winter, Adelaide Sanford, Wade Nobels, em reuniões anuais da American Educational Research Association, também da ANPED, e mais recentemente em Congressos Brasileiros de Pesquisadores Negros, incentivaram-nos a que pensássemos em criar e a manter o Grupo Internacional de Pesquisa sobre *Epistemologia Africana e Educação – permanências e recriações de raízes*. Avanços desses anos de intercâmbio levaram a que propuséssemos agenda para o fortalecimento dos negros de todo o mundo e para a educação de cidadãos de qualquer pertencimento étnico-racial.[75]

Nessa obra, ao lado de outros colegas, proponho a realização de estudos comparados sobre experiências educativas próprias da

[75] KING, J. E. (Ed). *Black Education; a transformative research and action agenda for the new century.* Washington; Mahwah; New Jersey: American Educational Research Association; Lawrence Erlbaum, 2005.

Diáspora e do Continente, com a finalidade de oferecer suporte material, emocional e simbólico para a realização de aprendizagens que visam à formação, no seio de sociedades eurocêntricas, de identidades africanizadas. Proponho também pesquisas sobre modos de aprender no contexto de tradições de raiz africana, sobre teorias da educação na perspectiva de sabedoria construída no Mundo Africano. E, finalmente, sobre estratégias de sobrevivência física e psicológica adotadas por africanos escravizados, por seus descendentes, a fim de superar opressão e discriminações que tolhem, ao longo de cinco séculos, seu fortalecimento enquanto mulheres e homens, suas realizações de cidadãos.[76]

No curso dessas proposições, tenho tido a oportunidade de realizar estudos com o Professor Doutor Mwalimu Shujaa.[77] Entre 2004 e 2006, propusemos-nos a desenvolver curso sobre História e Cultura Afro-Brasileira, a ser ministrado na Fort Valley State University e na Universidade Federal de São Carlos. Para tanto, contamos

[76] SILVA, P. B. G. A New Millennium Research Agenda in black Education: some points to be considered for discussions and decisions. *In*: KING, J. E. (Ed.) *Black Education; a transformative research and action agenda for the new century.* Washington: Mahwah: New Jersey; American Educational Research Association; Lawrence Erlbaum, 2005. p. 301-308.

[77] Foi diretor do African World Institut da Fort Valley State University (FVSU), depois, diretor acadêmico do Medgar Evers Collegeem Atlanta/USA; atualmente, é vice-reitor da Southern University.

com recursos da United Negro College Funds e USAID[78], também do CNPQ.[79] Planejamos, elaboramos, com bastante sucesso, materiais de ensino em português e em inglês, bem como produzimos bibliografia anotada nas duas línguas, contando com estreita colaboração de colegas e estudantes de graduação e pós-graduação das duas universidades. A experiência nos permitiu vislumbrar a possibilidade de realizar estudos comparados, no sentido de identificar o que podemos aprender uns e outros a partir de nossas distintas realidades.

O primeiro estudo neste sentido foi realizado pelo Doutor Douglas. V. C. da Silva, quando estudante de doutorado, sob minha orientação, no PPGE/UFSCar. Então, realizou, ele, sob a supervisão do Professor Shujaa, estágio sanduíche no Medgar Evers College da Universidade de Nova York. Frutuoso trabalho foi desenvolvido, tanto na realidade brasileira como na estadunidense, tendo em vista o ensino de ciências que contempla a educação das relações étnico-raciais.

Como se pode mais uma vez constatar ao longo deste relato de trajetória profissional, o que tenho aprendido e realizado é fruto do convívio com meus alunos, da companhia da comunidade negra, dos parentes, amigos, professores – tanto dos que foram meus mestres, como dos que são meus colegas. Também da

---

[78] SHUJAA, M. J.; SILVA, P. B.G. *Close – Out Report submitted to United Negro College funds Special Programs.* Fort Valley; São Carlos: FVSU, UFSCar, 2005.

[79] SILVA, P. B. G. *Estudos afro-brasileiros; pesquisando e implementando conteúdos e metodologias.* São Carlos: UFSCar, NEAB, DME. (Projeto financiado pelo CNPq).

proximidade de pesquisadores, com quem compartilho dúvidas e achados ou de quem somente leio obras. Convém não esquecer as pessoas com quem convivo intensa ou acidentalmente no dia-a-dia. Têm, eles todos, me levado, desde as primeiras percepções na infância, a perceber tratamentos desiguais para pessoas diferentes, oportunidades maiores para uns, e me levado à indignação diante de desqualificações e injustiças. Assim, antes mesmo de conhecer o termo ações afirmativas, já me manifestava pela necessidade e importância de acabar com a desqualificação de uns para valorizar outros, com as oportunidades, privilégios imensos para poucos e marginalização para a maioria.

Por isso, quando passei a conhecer em mais detalhes, notadamente nos EUA e na África do Sul, demandas por reparações, políticas para corrigir distorções sociais, vi que nossas discussões no Movimento Negro brasileiro podiam trazer resultados para toda a sociedade.

Convictos disso, a Professora Lúcia Barbosa, o Professor Valter Silvério e eu, juntamente com nossos alunos, com pessoas da comunidade negra de São Carlos, em seminários e reuniões do NEAB/UFSCar, temos buscado fortificar nossa comunidade negra, com estudos que incentivamos e desenvolvemos, com intercâmbios que cultivamos. Assim, temos podido contar, em diferentes oportunidades, com luminosos argumentos, indagações, críticas, apresentados por estudiosos e militantes que nos visitaram, entre eles: Clóvis Moura, Henrique Antunes Cunha, Oliveira Silveira, Joel Rufino, Maria de

Lourdes Bandeira, Ilka Boaventura Leite, Eunice Prudente, Helena Theodoro, Ana Célia da Silva, Antônio Olympio Santana, Vilson Caetano Jr., Marcos Rodrigues da Silva, Eliane Potyguara, Irene Salles, Eliane Cavalleiro, Henrique Cunha Jr., Hédio Silva, Carlos Moore, Kabengele Munanga, Joyce E. King, Hassimi Maiga e Pierre Kita.

Com o apoio deles, em diferentes oportunidades, temos fortalecido ideias, propostas, iniciativas. Assim, sentimos-nos encorajados a sediar, em 2002, na UFSCar, o II Congresso Brasileiro de Pesquisadores Negros. Fórum ímpar, como fora o primeiro e vêm sendo os seguintes, de exposição, crítica, redimensionamento de pensamentos dos negros sobre os negros, a partir de nossas raízes africanas e criações afro-brasileiras. Prova disto são os artigos que Valter, Lúcia e eu reunimos na obra *De Preto a Afrodescendentes; trajetos de pesquisas sobre relações étnico-raciais no Brasil*[80] .

Por esses caminhos, a educação das relações étnico-raciais, as políticas de ações afirmativas foram sendo problemáticas, cada vez mais debatidas sob pressão, encomenda, vigilância do Movimento Negro. Enquanto conselheira da Câmara de Educação Superior do Conselho Nacional de Educação, por indicação do Movimento Negro, não só era demandada a discutir como devia pautar essas discussões naquele conselho e no sistema de ensino.

---

[80] BARBOSA, Lúcia Maria de A; SILVA, P. B. G. e; SILVERIo, Valter R. De preto a afrodescendente; trajetos de pesquisa sobre relações raciais no Brasil. São Carlo: EDUFSCar, 2003.

Nessa condição, em 2003, fui convidada juntamente com o Valter Silvério pelo INEP, para organizar obra sobre ações afirmativas. Ronald Acioli da Silveira, do setor de publicações do INEP, responsável pelo convite, alertara que os servidores do MEC/INEP que discutiam a questão racial gostariam de ver a obra lançada no mês da Consciência Negra.

Passamos, então, a buscar colaboradores. Cabe destacar que todos os convidados – pesquisadores, militantes do Movimento Negro – aceitaram elaborar um capítulo. A perspicácia e a competência de Ronald ajudaram a dar formato ao livro *Educação e ações afirmativas: entre a injustiça simbólica e a injustiça econômica*,[81] que foi lançado em 2 de dezembro de 2003, para rememorar o 20 de novembro, e que em março de 2004 tinha a primeira edição esgotada. Outras edições se seguiram, a obra se encontra disponibilizada no sítio eletrônico do INEP.

Tenho, com alegria, ouvido que este trabalho a muitas mãos elaborado tem servido como um guia para quem quer informar-se, buscar argumentos e participar das candentes discussões sobre o acesso de negros ao ensino superior.

Em artigo[82] que assino na obra em pauta, destaco a necessidade de compromisso do sistema de ensino superior com a superação de

---

[81] SILVA, P. B. G.; SILVÉRIO, V. R. *Educação e ações afirmativas:* entre a injustiça simbólica e a injustiça econômica. Brasília: INEP, 2003.

[82] SILVA, P. B. G. "Negros na Universidade e Produção do Conhecimento". *In:* SILVA, P. B. G.; SILVÉRIO, V. R. *Educação e ações afirmativas:* entre a injustiça simbólica e a injustiça econômica. Brasília: INEP, 2003. p. 43-53.

desigualdades, entre elas as étnico-raciais. Avalio que, se a universidade se mantiver distante, desinteressada perante o desrespeito aos direitos humanos, aos direitos dos povos, perderá forças enquanto espaço intelectual, científico, educativo e político.

Nesta direção, a convite da Revista da ADUSP, Valter Silvério e eu elaboramos artigo sobre ações afirmativas,[83] retomando as críticas que já vínhamos fazendo aos critérios utilizados para avaliar a excelência acadêmica, bem como a dificuldade de os estabelecimentos de ensino assumirem o combate ao racismo e às discriminações.

Não só tenho redigido textos e feito palestras sobre ações afirmativas. Integrei comissão, presidida pela Vice-Reitora Doutora Maria Stella de A. Gil, que se ocupou da formulação de política de reserva de vagas na UFSCar. A proposta que elaboramos foi submetida ao Conselho Universitário, em dezembro de 2006, sendo aprovada reserva de vagas para estudantes de escola pública, para negros e para indígenas, a partir de 2008. Na sequência, assumi a coordenação do Grupo Gestor do Programa de Ações Afirmativas. Experiência desafiadora, que me fez passar da fala sobre políticas de reparações, à participação na elaboração proposta para programa de ações afirmativas, e desta experiência, a gerir a implantação do programa. Em outras palavras, obrigou-me a passar das ideias e propostas para a ação.

---

[83] SILVÉRIO, V.; SILVA, P. B. G. "Ações afirmativas, sim". *In: Revista ADUSP,* São Paulo, n. 33, p. 25-29, out. 2004.

Sei que minha contribuição – enquanto docente, pesquisadora, gestora – é pequena e restrita. Mas sei também que, no esforço compartilhado com estudantes e colegas próximos ou distantes geograficamente, com companheiros do Movimento Negro, o pouco construído pode se expandir um tanto mais. Penso que o traçado até aqui neste livro, na tentativa de desemaranhar conhecimentos que venho construindo (espero não tê-los embaraçado mais), é chegado o momento de apresentar o que considero o mais original, no sentido de o mais próximo de nossas raízes negras.

Capítulo IX

Entre Brasil e África: construindo conhecimento e militância

Tenho percorrido a trajetória que tento retraçar neste livro, graças à presença de pessoas que me acompanham desde sempre, de outras que vêm se juntando ao meu percurso, ou eu ao delas, e também daquelas com quem em veredas e picadas tenho cruzado. A presença assídua, intermitente ou acidental dessas pessoas, intermediada pela inspiração dos Ancestrais, dá sustento para que, com minha própria cabeça e minhas pernas, trabalhe firme na realização do que faço, trilhe com alegria, com apreensão ou sofrimento, os caminhos que percorro, mova-me com serenidade no sentido do que escolhi ser e fazer.

A cada palmo de caminho trilhado vou compreendendo que a vida demanda sacrifícios. Ao viver e olhar os outros viverem, percebo o que a sabedoria de mulheres e homens de minha família, da Colônia Africana, do Limoeiro, de Santa Cruz do Sul, de São Carlos/SP, também da África do Sul, do Movimento Negro têm me ensinado sobre o que significa se sacrificar, sem abrir mão de si próprio, nem abandonar metas e projetos, tanto os próprios, quanto os da comunidade negra.

O sacrifício, entre nós negros, não significa gesto de passividade, muito menos de abrir mão da própria vida, mas sim uma escolha que acarreta renúncias e recolhimento, a fim de se fortalecer, de planejar e de ir em direção aos objetivos estabelecidos. O sacrifício de que falo é apoiado e vivido pela família próxima, pelos amigos, pela comunidade negra.

Os êxitos alcançados não são somente do indivíduo que se sacrificou, mas de todos os que o acompanharam. Eu vi isto a vida inteira, o êxito de um negro, pelo menos em minha família próxima e estendida, era festejado, anunciado, recebido como um valor para todos que tinham acompanhado, apoiado, rezado.

Foi assim quando obtive o diploma de licenciada em Letras. Todos os próximos, alguns nem tanto, foram à formatura, enviaram muitas flores, organizaram festejos. Na verdade, eu pensava que isto acontecia em todas as famílias, fossem negras ou não.

Quando, dois anos depois, recebi bolsa de estudos do governo francês, foram muitas as festinhas de despedida. Todos os parentes e amigos próximos organizaram chá, churrasco, jantar, encontros só para conversar, fazer recomendações, transmitir bons desejos. Anos mais tarde me dei conta de que eles não estavam somente festejando minha ida, o esforço de minha mãe para me educar, mas também o fato de eu ser a primeira, entre aqueles parentes e amigos negros, que ia à Europa, e para estudar. O que me chama a atenção é que ninguém mencionou este fato.

Como cresci neste clima, somente quando defendi a tese de Doutorado, compreendi que o êxito de um negro não pertence somente a ele, mas a toda a comunidade. Na ocasião da defesa, um dos porteiros da Faculdade de Educação era um rapaz negro, de idade aproximada da minha, que trabalhava nos serviços gerais na UFRGS desde meus tempos de aluna do Colégio de Aplicação. Sendo velhos conhecidos, nos tratávamos por tu. Na manhã seguinte após a defesa, ao entrar na Faculdade ouvi, alto e bom tom, a saudação de meu velho conhecido: "Bom dia, doutora Petronilha!" Respondi com alegria e me aproximei dele: "Por favor, continua me chamando simplesmente pelo nome". Ele respondeu com um sorriso. Na próxima vez que passei pela portaria da Faculdade, veio a mesma sonora saudação, levando as pessoas que aguardavam o elevador a se virarem para ver quem era a doutora. Então, compreendi que com aquela saudação não era somente eu a valorizada, também ele e toda a nossa negra comunidade.

Os companheiros dos Agentes de Pastoral Negros do RS confirmaram essa conclusão a que eu chegara, pois, quando estávamos em público, passaram a me chamar de doutora.

Desde então, quando ouço jovens dizerem que não vão à cerimônia de colação de grau, tento convencê-los de que não só devem comparecer como insistir para que a família e amigos próximos também se façam presentes, pois o título não é só de quem o recebe, mas, de certa forma, também da comunidade que de alguma maneira acompanhou quem a ele fez juz.

Entre aplausos e puxões de orelhas dos parentes e da comunidade negra, em trabalhos conjuntos, tenho aberto picadas no mato espesso em que resolvi me embrenhar, para lenhar. O sofrimento de crianças negras diante do tratamento recebido em escolas, a discriminação sofrida por homens negros confundidos com malfeitores, a dor de mulheres negras quando reduzidas a símbolo sexual, e tantas outras formas de desumanizar nossa negritude, foram mostrando o quanto se fazia urgente buscar nossa fortaleza nas raízes africanas, na história de nossos antepassados. Além disso, apontavam ser indispensável conhecer e divulgar pensamentos dos negros sobre quem consideram pessoas educadas, sobre as condições que avaliam necessárias para a formação e educação de mulheres e homens cidadãos. Tal esforço, em meu entender, é necessário para que as instituições educacionais brasileiras questionem, completem, refaçam princípios que as orientam. Só assim poderão se tornar, para além dos discursos, de fato democráticas.

Encarar sofrimentos de nosso povo negro me fez atinar que tantos outros brasileiros têm sido atormentados por desigualdades, desrespeito, desqualificação, e que não é possível lutar pelo nosso reconhecimento como negros, deixando de lado as lutas, reivindicações, propostas de outros excluídos pela sociedade. Assim, na condição de conselheira no Conselho Nacional de Educação, entre os anos 2002 e 2006, e hoje na de integrante do Grupo Gestor do

Programa de Ações Afirmativas da UFSCar, venho tentando apoiar demandas dos povos indígenas, de pessoas em luta pela terra, por educação, respeito e reconhecimento de suas contribuições para a nação brasileira.

A atuação enquanto docente e pesquisadora tem-me incentivado a busca de teorias da educação que informem o propalado ideal de "educação para todos", na perspectiva do povo diverso, integrante da sociedade multicultural que é a brasileira. Sociedade esta regida, ao longo dos séculos, por mentalidade e interesses de grupo que faz de tudo para se manter dominante e, para consegui-lo, despreza a multiplicidade de experiências, visões de mundo, projetos que constituem a população brasileira em suas raízes indígenas, africanas, europeias, asiáticas.

Como construir igualdade de oportunidades, se os diversos jeitos de viver e de pensar não são aceitos nas salas de aula? Como explicar que nos sistemas de pensamento africanos, conforme ensina Mudimbe, as experiências concretas não são separadas da ordem dos conceitos e discursos? Como fazer entender que, entre os negros, nós aprendemos olhando o mais atentamente possível quem realiza trabalho em que é muito experiente e que, enquanto observamos, nossa ajuda é solicitada para realização de alguma tarefa? Que, a seguir, os aprendizes são chamados a assumir a tarefa completa, de seu planejamento, execução, ao produto que deva gerar? Como convencer, explicar, ajudar a compreender que tal jeito de ensinar e de aprender pode ser valioso não apenas para os afrodescendentes?

Para tentar responder a tantas e cruciais indagações, foi-se tornando urgente reunir e explicitar com firmeza evidências e conhecimentos de permanências, entre os afro-brasileiros, de jeitos de ser, viver, pensar africanos. Tal medida torna-se imprescindível para admitir jeitos de raciocinar, avaliar, refletir, ponderar, propor, distintos dos comumente valorizados no interior dos estabelecimentos de ensino, bem como para elaborar procedimentos didático-pedagógicos que acatem a diversidade étnico-racial de estudantes e de professores.

Trata-se de tarefa muito difícil em qualquer nível de ensino, pois, professores, temos sido formados para trabalhar com ideias uniformes de quem seja nossos alunos, de como se organizam para aprender. Assim, quando os alunos não correspondem a nossas expectativas, os taxamos de incompetentes, preguiçosos, com muitas lacunas no domínio de conteúdos. Raramente temos tido momentos de lucidez, temos conseguido ponderar que nos faltam instrumentos para estabelecer diálogos com culturas diferentes daquelas sobre as quais possuímos algum conhecimento. Isto acontece mesmo entre aqueles de nós que discursam sobre processos de interculturalidade.

Experiências educativas de distintos grupos do Movimento Negro têm oferecido pistas para superar tão contundente desafio. Têm, eles, denotado organicidade de objetivos e ações, embora sigam diferentes orientações ideológicas e se valham de estratégias muito distintas. Assim, por meio de ações deliberadamente concebidas e executadas, o Movimento Negro, na diversidade das entidades que o constituem, vem erigindo a história do povo negro brasileiro, gestando sua educação tanto para assumir níveis elevados de escolarização, como para, enquanto cidadãos, participarem das decisões sobre os rumos da sociedade brasileira. Diante dessas e de outras contundentes constatações, documentadas e bastante discutidas, pareceu-me ser tempo de vivência prolongada em território africano, estudando nos livros e no dia-a-dia de convívio.

Sentindo-me incentivada pelos discursos e avaliações no Seminário "O Pensamento Negro em Educação no Brasil", promovido pelo Núcleo de Estudos Afro-Brasileiros/UFSCar, em 1995, decidi submeter projeto para realização de estágio de Pós-Doutorado na área de Teoria da Educação à University of South Africa (UNISA) em Pretoria e à FAPESP.[84] Ambas as instituições o aprovaram. Assim, em 1995, o Professor Doutor Simon Maimela, então vice-reitor, convidou-me como professora visitante junto à University of South Africa (UNISA), designando a Professora Doutora Maria Elizabeth W. McDonald, do Departamento de Didática, para me receber, criar condições de trabalho, facilitar intercâmbio com outros pesquisadores, com a rede de ensino e as instituições de pesquisa. Permaneci, na África do Sul, de fevereiro a junho de 1996, buscando pistas para captar e compreender epistemologias de raiz africana, com vistas a estudar pensamentos negros em educação e, a seguir, explicitar suas permanências, no Brasil. Propunha-me também a identificar

[84] Fundação de Amparo à Pesquisa do Estado de São Paulo.

significados que orientassem redimensionamentos para a formação de professores, no sentido do diálogo entre culturas.

Avalio como inestimáveis as aprendizagens a que acedi, em conversas e intensa convivência na UNISA, em escolas de educação infantil e ensino fundamental, no seio de uma família negra africana e de outra *afrikaner*, em encontro nacional das Igrejas Independentes, em visitas a *townships*, tanto destinada a população negra como outra designada para os *coloureds*. Também muito aprendi em viagens de ônibus, na terceira classe de trem, além de em festas públicas ou privadas. Todas essas oportunidades proporcionaram conversar com pessoas com distintas posturas diante da vida, diferentes oportunidades de realizar estudos. De forma mais detida e detalhada mantive contato com 60 pessoas, entre elas crianças, idosos, doutores e iletrados.

Destaco ainda que, até onde me foi possível chegar naquele verão-outono de 1996,[85] na perspectiva das tradições africanas negras na África do Sul, há o entendimento de que a escolarização é necessária para que se possa ser uma pessoa educada, no entanto não é intrínseca ao se "tornar uma pessoa". Esse processo tem início simultaneamente na família e na comunidade, já que todos os adultos são responsáveis pela felicidade e aprendizagens de cada criança.

---

[85] SILVA, P. B. G. *Relatório de atividades de pós-doutorado desenvolvido na University of South África*. São Carlos: UFSCar/DME, 1996. (Anexado ao relatório apresentado à UNISA e outros documentos).

A palavra educação não expressa propriamente as aprendizagens feitas antes da escola, pois na família, na comunidade, se aprende a se tornar pessoa, ou seja, a conduzir a vida, a se fortalecer para tornar a comunidade mais forte.

Então, uma pessoa educada é aquela que frequentou escola, é portadora de diplomas de ensino superior, é capaz de produzir conhecimentos, mas antes de tudo respeita os idosos, as outras pessoas e também o meio ambiente. Além disso constrói sabedoria quando colabora para que sua comunidade tenha vigor e veja respeitados seus valores, garantidos seus direitos. Alguém pode ter muito estudo e diplomas, mas se os usar somente em benefício próprio, não só não está conduzindo com propriedade a vida, como não conseguiu de fato se educar.

À medida que os participantes da pesquisa lá na África do Sul iam me abrindo caminhos para novas compreensões, surpreendiam-me coincidências com o que eu aprendera na família, vira no Limoeiro e entre os negros de Santa Cruz do Sul/RS. De repente dei-me conta de que, mesmo antes de pesquisar sobre nossa identidade de negros, afrodescendentes, eu recebera e construíra educação fecundada por pensamentos negros, isto é, enraizados em atributos e valores africanos.[86] Foi assim que encontrei motivo para realizar estudos

[86] SILVA, P. B. G.; *African Thoughts on Education; the view of a Brazilian researcher in South Africa*. São Carlos: NEAB/UFSCar, 1998. (Trabalho apresentado na reunião anual da American Educational Research Association, em San Diego, abril de 1998).

comparados entre África, Brasil e outros países da Diáspora. Para tanto, contei com renovação de "bolsa pesquisador" que o CNPq me concedera pela primeira vez, logo após a defesa da tese de Doutorado.

Dei, então, continuidade aos estudos, propondo-me a identificar e destacar nuanças de pensamentos em educação que fazem parte do patrimônio cultural afrodescendente e africano. Pretendia não só colaborar para o fortalecimento da identidade, autonomia e autoestima dos negros brasileiros, como também oferecer informações e formação para que a sociedade brasileira viesse a reconher e assumir, com orgulho, a forte parcela africana que a compõe.

Como já constatara em estudos anteriores, a melhor explicação, ou melhor tradução, para o que designamos no dia-a-dia e no campo da Pedagogia como educar-se, na perspectiva africana é *aprender a conduzir a construção da própria vida*. Essa aprendizagem frutifica nas relações mantidas entre gerações, mulheres e homens, grupos sociais, étnicorraciais. Por meio delas, cada pessoa capta, interpreta e elabora visão de mundo, constrói e repassa conhecimentos, comunica experiências. O tempo de escola, de universidade, faz parte do curso de construção da vida. Ora, sendo as instituições de ensino ainda concebidas e organizadas sobretudo a partir de princípios e objetivos eurocêntricos, elas tendem a afastar os estudantes negros, quando não contam com o apoio das famílias, do Movimento Negro, das raízes africanas.

Como se vê, na perspectiva das africanidades, a construção da vida de cada pessoa toma sentido no seio da sua comunidade e visa não apenas o avançar, o progredir individual. Não se trata, longe disso, de se isolar da sociedade, fechando-se na comunidade. Trata-se de atuar na sociedade com orgulho de seu pertencimento étnicorracial, tendo entre seus objetivos de realização contribuir para a sociedade assumir e politicamente atender a multiculturalidade que a compõe. Assim sendo, o valor da vida própria é apreciado pelo fortalecimento que o progresso traz para a comunidade (Silva, 2010, primeira edição 2003).[87]

Neste quadro, conduzir a própria vida para nós negros, descendentes de africanos, nos põe-nos em permanente esforço para provar nossa capacidade de realização, exibir nossas heranças africanas, provar nossa decisiva contribuição para a cultura e para a nação brasileira. Nessa tensão, nós negros somos instados a ações ousadas, muitas vezes tímidas, de enfrentamento a desqualificações, o que nos leva a: nos movimentar mesmo quando tentam nos paralisar; ouvir antes de falar e agir, para concretizar com propriedade nossas palavras; guardar na memória as experiências de nossa vida e as de nosso povo e transmiti-las com palavras, musicalidade, gestos, trejeitos; edificar a nós próprios, enquanto indivíduos pertencentes à sociedade brasileira e à comunidade negra pan-africana; pôr sentido no mundo, em nós mesmos, nas pessoas com quem nos

[87] BARBOSA, Lúcia Maria de A; SILVA, P. B. G. e; SILVERIo, Valter R. De preto a afrodescendente; trajetos de pesquisa sobre relações raciais no Brasil. 2. Ed. São Carlo: EDUFSCar, 2010.

relacionamos; livrarmo-nos do sofrimento causado pelas opressões e descréditos; encontrar e fortificar nosso elo com a África, com os Ancestrais; defender nossos direitos de cidadãos brasileiros.[88]

Essas compreensões, juntamente com outras explicitadas por pesquisas que expõem desigualdades e discriminações que atingem os negros, bem como com propostas formuladas com insistência pelo Movimento Negro, ofereceram suporte para que se chegasse aos princípios e a encaminhamentos para práticas educativas que poderão ser projetadas, aplicadas e avaliadas, a fim de cumprir ao estabelecido pelo Parecer nº 003/2004 e pela Resolução nº 001/2004 do Conselho Pleno do Conselho Nacional de Educação, dos quais fui relatora.

Assumir a relatoria desse parecer, ao lado das conselheiras Francisca Novantino D'Ângelo, Chiquinha Paresi, Marília Ancona-Lopes, Jamil Cury, exigiu vontade, disponibilidade, esforço para despertar confiança e manter diálogo com a comunidade negra, com o Movimento Negro, com os sistemas de ensino, com professores e estudantes, com pessoas empenhadas na construção de justiça social.

Creio não ser impróprio agradecer, aqui, a esta altura da narrativa de experiências que tenho vivido, a todos que colaboraram para e na elaboração do parecer do Conselho Nacional de Educação que regulamentou as determinações da Lei nº 10.639/2003. Colaboraram respondendo ao questionário, manifestando-se diante de consultas,

[88] SILVA, P. B. G.; SILVÉRIO, V. R. *Educação e ações afirmativas:* entre a injustiça simbólica e a injustiça econômica. Brasília: INEP, 2003.

lendo o texto em seus diferentes estágios de construção, oferecendo sugestões e críticas. Agradeço igualmente aos que se omitiram, preferiram não se envolver e se mantiveram afastados, fossem pessoas, administração de sistemas de ensino, órgãos responsáveis pela legislação. Seu silêncio foi revelador, expôs com nitidez as dificuldades que viriam a ser enfrentadas pelas escolas para cumprir democraticamente seu papel socializador, educativo e de divulgação dos conhecimentos produzidos pelas ciências, valorizando igualmente todas as culturas que compõem a nação brasileira.

Não é fácil tarefa para professores, gestores, pesquisadores, formados com base em princípios e por estratégias educacionais racistas, combater desigualdades, acercarem-se de conhecimentos produzidos fora do eixo Europa, Estados Unidos, dialogar com conhecimentos resultantes de procedimentos não consagrados pelas ciências.

Mesmo nós negros, que reconhecemos e valorizamos nossa descendência africana, enfrentamos dificuldades neste sentido, pois vimos sendo mantidos no desconhecimento uns dos outros, tanto dos oriundos do Continente como dos da Diáspora. Tal distanciamento vem provocando a incorporação de pensamentos, teorias, metodologias, alheios e adversos ao reconhecimento e valorização da contribuição de nossos povos, para a produção de conhecimentos em diversos campos.

O Parecer CNE/CP nº 3/2004 e a Resolução CNE/CP nº 1/2004 são instrumentos legais que visam ajudar a superar tão profundo desconhecimento. Sua implantação nos termos do *Plano de Implantação das Diretrizes Curriculares Nacionais para Educação das Relações Étnico-raciais e para o Ensino de História Cultura Afro-brasileira e Africana*, elaborado e implementado pelo MEC/SECAD e pela SEPPIR[89], oferece condições não só para o reconhecimento da participação dos africanos e de seus descendentes na vida e culturas dos brasileiros, como insiste na importância de as histórias e culturas de todos os povos que constituem a nação serem igualmente conhecidas e apreciadas.

Dessa maneira, as demandas dos negros brasileiros por reconhecimento, valorização, respeito, passam a oficialmente incidir sobre o pensamento educacional brasileiro, a influir na Pedagogia, ciência voltada a processos de aprender, de ensinar mulheres e homens de todas as idades, notadamente aos processos de educar professores. Por isso, vi-me comprometida, quando convocada a participar da Comissão que elaborou as Diretrizes Curriculares Nacionais para a Licenciatura em Pedagogia e integrar a relatoria juntamente com a Conselheira Clélia Brandão.

Buscamos, na comissão responsável por essas diretrizes curriculares, ouvidas entidades voltadas para formação de professores e representativas de professores, apontar a importância da centralidade, para a licenciatura em Pedagogia, de processos de ensinar e de

[89] MEC/SECAD – Secretaria de Educação Continuada, Alfabetização e Diversidade do Ministério da Educação; SEPPIR – Secretaria Especial de Promoção de Políticas da Igualdade Racial.

aprender desencadeados e desenvolvidos em diferentes espaços da sociedade, situados histórica, social, cultural e politicamente. Estudos e práticas de colegas, especialmente da amiga Maria Célia Cota,[90] além da docência por longos anos, o curso de Pedagogia e as sugestões de alunos foram imprescindíveis para que pudesse colaborar e influir na proposição das referidas diretrizes.

Ao longo dos quatro anos de atuação no Conselho Nacional de Educação, esforcei-me para não desapontar o Movimento Negro brasileiro, que confiou em minha formação acadêmica, em minha postura de mulher negra, em meu comprometimento com as causas dos negros, ao indicar-me, em 2002, para integrar tão importante fórum de formulação de políticas educacionais. A função de conselheira obrigou-me a apelar para tudo o que aprendera na vida, nos bancos escolares, na luta contra o racismo, nas funções de docente e de pesquisadora.

Notadamente, ofereceram-me suporte pensadores e pesquisadores africanos da Diáspora e do Continente, e também pesquisadores de outros continentes e pertencimentos étnico-raciais, empenhados na produção de conhecimentos em educação e em políticas de reconhecimento, de ações afirmativas.

---

[90] COTA, M.C. *Formação de professores:* um estudo sobre a construção e reconstrução de referencias do fazer docente. 1997. Tese (Doutorado em Educação) – Universidade Federal de São Carlos, Conselho Nacional de Desenvolvimento Científico e Tecnológico, São Carlos, 1997; ______. De professores e carpinteiros: encontro e desencontros entre teoria e prática na construção da prática profissional. *Educação e Filosofia*, Uberlândia, v. 14, n. 27/28, p. 203-222, 2000.

Conforme já disse anteriormente, vou me esforçando para conjugar a militância político-social com a atividade acadêmico-científica, no que sou desafiada por preocupações como: – O que faz de uma pesquisa, um instrumento de luta? – O que é aceitável para creditar valor a pesquisas que se formulam e que são consideradas como forma de luta do povo negro?. [91]

Meu intento é que cheguemos, os que nos sentimos indignados com o racismo e as discriminações que impregnam nossa sociedade, a responder a essas questões, formulando pedagogias capazes de fazer face às relações étnico-raciais dolorosas a que somos submetidos. Mas, para chegar a isso, precisamos possuir a coragem de buscar respostas para: o que significa ser negro numa sociedade que se quer branca? Numa sociedade onde poderosos cooptam alguns negros, para se oporem aos que labutam por uma sociedade justa, e desta forma defendem os interesses daqueles, falam em seu nome? Como educar cidadãos, para uma sociedade justa, por meio das relações étnico-raciais?

Impelida por este turbilhão de indagações, tenho aprendido a ser professora, pesquisadora, militante, tratando de fazer da produção de conhecimentos e da docência instrumentos e formas de luta contra o racismo e qualquer sorte de discriminações.

---

[91] SILVA, P. B. G. "Pesquisa e luta por reconhecimento e cidadania". *In:* ABRAMOWICZ, A.; SILVÉRIO, V. R. (Org.). *Afirmando diferenças*: Montando o quebra-cabeça da diversidade na escola. Campinas: Papirus, 2005, v. 1, p. 27-53.

Entre acertos e desacertos busco articular *pesquisa* com *intervenção* e *militância*. É importante esclarecer que entendo por *pesquisa* o trabalho rigorosamente sistematizado, informado por referências teóricas refletidas e refletidoras de compreensões e de buscas, com o propósito de apreender amplitude de significados de palavras, argumentos, gestos, posturas, comportamentos, posicionamentos. Já *intervenção* entendo como ato de pôr-se lado a lado, com sua concordância, de mulheres e homens negros, de qualquer idade, no curso de processos em que conduzem suas vidas, constroem ou não seu pertencimento étnico-racial, se educam em estabelecimentos de ensino, a fim de respondera indagações, tomar parte em reflexões, e até mesmo em decisões, se houver "tempo de história conjunta". Já *militância* encaro como ato de combater ativamente ideologias, pensamentos, atitudes, posturas que cultivam e mantêm discriminações, tais que concretizam, incentivam, naturalizam, por exemplo, o racismo, o machismo, a pretensa incompetência dos pobres.

Esta interconexão entre pesquisar, intervir, militar, produz e afirma meu pertencimento étnico-racial, minha *consciência negra*, a qual se manifesta, quando consigo unir autoconhecimento e conhecimento do mundo, o que se expressa em ações na sociedade, em favor de reconhecimento e valorização de nós negros, de nossa história no Continente e na Diáspora, de nossa cultura em suas diferentes matrizes.

Capítulo X

Caminhando sempre

Como já repeti mais de uma vez, as pesquisas e a militância com nossa gente negra têm me levado a desvendar pensamentos oriundos das raízes africanas. Certamente, trata-se de pensamentos que vêm sofrendo o impacto de outros de origens diferentes, da mesma forma que têm neles deixado suas marcas, sem contudo perderem uns e outros seu caráter próprio. Esta busca do que nos é peculiar traz, de um lado, o intuito de mostrar que as estratégias para fazer esquecer nossas origens nem sempre foram bem sucedidas e, de outro, tem a intenção de voltar às fontes, a fim de, como diria Amílcar Cabral, restabelecer o domínio sobre nós próprios, dar novo vigor à identidade africana, fortalecer nossa dignidade de pessoas negras.

Nesse rumo, tenho caminhado. Com nossa gente, aqui mesmo no Brasil, em outras diásporas e em África, vou cada vez melhor entendendo o quanto caminhar é indispensável para viver, apesar das incertezas dos caminhos. Este é o único jeito para quem quer conhecer, compreender, se comunicar, se fazer compreender, tomar ciência do mundo, tornar-se apto para se instruir, construir conhecimentos, lutar com e pelo seu povo. Quem caminha tem palavra. Caminhar exige mudar de lugar, ensina a compreender o mundo, a grande escola. Mais ainda, leva a atinar como o mundo se constrói, a compreender por quais caminhos mulheres e homens o fazem e refazem. "Enquanto a mentalidade funciona, a gente deve aprender"[92] e, para isso, é preciso ter disposição para percorrer caminhos ainda não conhecidos. "Ler é uma forma de caminhar, de ver o mundo, escrever é uma forma de traçar caminhos pelo mundo", dizia minha avó Affonsina.

A sabedoria africana diz que, antes de aprender a ler nos livros, é preciso conhecer a leitura do corpo das pessoas, seus gestos, olhares, menções, posturas, suas criações e construções. É preciso ler a natureza que se expressa por meio do solo, das plantas, córregos, nuvens, som e direção dos ventos, comportamento dos animais. É preciso decifrar as mensagens dos Ancestrais.

Compus este livro com o propósito de expor caminhadas que tenho empreendido e com a esperança de que elas inspirem outras jornadas. Agradeço a quem, por meio da leitura do livro, me acompanhou até aqui. Para concluir, vou tentar pôr em evidência algumas sendas e sinalizações que orientaram percursos pelos quais venho tecendo a vida, desde o ensolarado e muito frio 29 de junho, em que saltei para o mundo, na casa de meus avós maternos, que antes pertencera aos bisavós, na rua Esperança, em Porto Alegre. Lá que

---

[92] Palavras de um senhor do Limoeiro.

comecei as caminhadas que me levam ao esforço atual de me educar e incentivar a educação em relações étnico-raciais que respeitem, façam justiça, revigorem a todos que delas tomem parte.

Nas caminhadas, encontro e construo sinalizações, como as que se veem nas estradas, que ajudam a escolher rumos e dão alertas. Concluo este livro, com o propósito de destacar algumas delas. Quem sabe, poderão ser úteis a quem delas tomar conhecimento!

A primeira sinalização aponta que, para promover, incentivar relações étnico-raciais que valorizem igualmente a todos, é preciso desmontar hierarquias, mitos, histórias que cultivem sentimentos de superioridade, de inferioridade. Assim, no que diz respeito aos projetos de vida, de sociedade, de nação dos brasileiros negros, descendentes dos africanos escravizados, há que, antes de mais nada, reconhecer particularidades da condição humana revelada por seus corpos negros, admitir a exigência de respeito à sua identidade vinculada ao Mundo Africano, ao orgulho de seu pertencimento étnico-racial enraizado no continente de origem.

Embora o Movimento Negro o repita há um século, é sempre necessário fazer lembrar que, entre os cidadãos brasileiros, os negros são os mais desconsiderados, desrespeitados, espezinhados. E isto não é "papo" de militante. Basta olhar atentamente ao redor, livre de ideias preconcebidas, de estereótipos. É necessário andar pelas ruas, escolas, repartições públicas, hospitais, restaurantes, praças, e ativar muito a atenção. Quem não acreditar em seus olhos, quem não tiver a sensibilidade para perceber, deve examinar (quem sabe ajude!) pesquisas sobre desigualdades raciais como as realizadas por Marcelo Paixão, pelo IPEA, entre outros.

Sabemos muito bem que, negros, não somos os únicos desrespeitados neste país. Veja-se o que denuncia a Professora Severiá Xavante:[93] "*Quando estamos* [os indígenas] *na cidade, temos que diariamente provar que somos humanos*". Apesar do desrespeito inconcebível aos indígenas, a sociedade considera mais digno ser índio, pertencente aos povos originários do Brasil, do que ser negro.

Tardiamente, os sistemas de ensino começaram, neste século XXI, tentativas para acertar os passos com os de todos os cidadãos, sejam eles os povos originários do território e da nação hoje chamados Brasil, tenham aqui chegado escravizados, os africanos, ou por vontade própria, os migrantes europeus e asiáticos. Tais tentativas tiveram início com as leis municipais e estaduais que desde os anos 1980 estabelecem o ensino de história, cultura africana e afro-brasileira. Deram um passo, ao passar a abordar a pluralidade cultural da nação, no final dos anos 1990, por meio dos Parâmetros Curriculares Nacionais. E se tornaram decisivas com a promulgação das Leis nº 10.639/2003 e nº 11.645/2008, que estabelecem a obrigatoriedade do estudo das histórias e culturas dos afro-brasileiros, africanos e povos indígenas e a consequente educação das relações étnico-raciais. Cabe especial destaque a adoção, por universidades públicas, de políticas institucionais de ações afirmativas dirigidas a indígenas,

---

[93] XAVANTE, S. *Cadernos do Movimento dos Professores Indígenas,* n. 1.

negros, quilombolas, a pessoas com baixa renda, oriundos de escolas públicas. Dessa forma, os sistemas de ensino, notadamente as universidades públicas, estão deixando assim de servir, predominantemente, a segmento da população brasileira branco e abastado.

Diante da adoção de tais políticas, os estabelecimentos de ensino, da educação infantil ao ensino superior, e seus professores, se veem implicados em aprender e ensinar conhecimentos originados nas diferentes raízes que constituem a nação brasileira: indígenas, africanas, europeias, asiática,[94]. Desta forma, mais uma sinalização se apresenta a minha caminhada como educadora, qual seja: na perspectiva dos povos que constituem o Brasil precisam ser escolhidos e definidos princípios e metas que orientem o planejamento da educação brasileira, as diretrizes curriculares, os projetos político-pedagógicos, os planos de ensino.

Em decorrência, mais uma importante sinalização se apresenta. Ela adverte que para as populações mantidas à margem pela sociedade, não basta ocupar bancos nas salas de aula das escolas e universidades, se tiverem de esconder ou negar seu pertencimento étnico-racial, sua condição econômica, sua religiosidade. *Educação com reconhecimento, sim! Integração,*

[94] SILVA, P. B. G.; "Vamos acertar os passos? Referências afro-brasileiras para os sistemas de ensino". *In:* LIMA, I. C.; ROMÃO, J. (Org.). *As ideias racistas, os negros e a educação*. Florianópolis: Núcleo de Estudos Negros, 1997, p. 39-57; ______. Cultura e história dos Negros nas Escolas. *Revista EPARREI*, Santos, v. 2, n. 5, p. 24-26, 2º semestre 2003.

assimilação, não! Estudantes negros, indígenas, assim como os descendentes de asiáticos e de europeus, querem, ao mesmo tempo, exprimir com orgulho e satisfação seu pertencimento étnico-racial e construir identidades acadêmica e científica respeitadas.

As sinalizações, até aqui citadas, apontam que o caminho a tomar é o da comunicação. Todos – docentes, técnicos administrativos, estudantes e comunidades de que são oriundos – temos de nos dispor a aprender, uns com os outros, a visão de mundo própria aos pertencimentos sociais, notadamente o étnico-racial, primordial para cada um. Todos precisamos estar disponíveis para projetar atividades, estudos, convivência que promovam conhecimento e reconhecimento das diferentes raízes dos brasileiros, sem que nenhuma seja apontada como a superior. Temos de nos tornar habilitados e competentes para exigir direitos devidos a cada um, de modo especial o de ser diferente do que tem sido julgado o "normal", o mais perfeito.

Comunicação requer, pois, participação, e a integridade do participar exige de cada um ser líder, ensina a sabedoria africana. Líder, não no sentido de comando ou proeminência, mas no de responsável pelo crescimento de todos. É líder quem se faz presente, buscando conhecer, compreender o pensamento, desejos, necessidades de todos e considerando-os ao formular, aprovar acordos. São líderes todos os que se formam para promover, não num gesto individual, de interesse pessoal ou restrito a um grupo, o diálogo com pessoas e grupos cujos objetivos e projeto de sociedade não coincidem necessariamente com os seus próprios, com o da comunidade a que pertence. Assim, a principal qualidade de liderança não é a persuasão, mas a coordenação de propósitos, ainda que distintos, em metas coletivas. A sabedoria inspirada por nossos ancestrais africanos assim ensina.

De acordo, pois, com nossas raízes africanas, aprender a ser líder faz parte do tornar-se pessoa digna e cada vez mais perfeitamente humana. É um processo que se inicia bem antes da escola e que pode ali ser confirmado ou desestimulado. Na história da instituição escola, a formação para ser líder quase sempre tem se encaminhado no sentido de defender interesses dos grupos que mantêm, ao longo de cinco séculos, o poder de governar a sociedade.

Assim a escola, independentemente de ser pública ou privada, localizada nos centros ou nas periferias urbanas, no campo, não está cumprindo seu papel republicano de educação para todos. Isto porque vem educando para que a ética, a verdade, os interesses de um segmento da sociedade sejam adotados por todos (Gigante, 1996).[95] Desta forma, a escola e seus professores têm desconsiderado a multiplicidade de origem histórica, social e étnico-racial, gerando sofrimentos e desenraizamentos.

Neste ponto, contudo, nova sinalização se interpõe: a escola pode desencadear processos de afirmação e de recomposição da

---

[95] GIGANTE, Moacir. *Processos de exclusão, negação da historicidade de grupos migrantes*. São Carlos: UFSCar/NEAB, 1996. (Trabalho apresentado nos Colóquios da Pedagogia da UFSCar).

historicidade negada, desvalorizada por verdades que se querem dominantes na sociedade. E poderá fazê-lo, reeducando relações até então conduzidas por hierarquias sociais de superioridade/inferioridade, em desigual exercício dos direitos de cidadania.

Dessa maneira, os estudantes poderão utilizar precioso tempo para se tornarem realmente estudantes, ou seja, pessoas curiosas que formulam perguntas, buscam respostas, investigam, seguem seus próprios caminhos de estudos, sob o olhar atendo dos mestres. Ou seja, para se constituírem estudantes, ouvem seus professores, não para repetir o que esses dizem ou escrevem, mas para construir seu próprio percurso de ideias, argumentos, proposições. Os que se contentam em repetir os professores, tendem a seguir pela vida profissional reclamando ser a teoria incompatível com a prática, pois a vida não se coaduna ao discurso "magistral".

Vejam, vocês que me acompanham no percurso deste livro, o cipoal que vai se desenroscando, à medida que se busca tornar efetivo o empreendimento de educar relações étnico-raciais. As disciplinas,[96] seminários, palestras, as atividades de extensão universitária, superados os desafios do planejamento e da execução, representavam pousos, remansos, postos de abastecimento e descanso à beira das estradas. O traçado do mapa para o percurso não

[96] *Teoria da Educação – Aportes de Africanidades*, no PPGE/UFSCar; *História e Cultura Afro-Brasileira e Africana*, no curso de Pedagogia da Terra/UFSCar; *Didáticas e Relações Étnico-raciais*, no curso de Pedagogia/UFSCar.

é, felizmente, um trabalho solitário. Colegas professores, orientandos de graduação e pós-graduação, colaboram para que a caminhada seja rica em resultados, porque os estudantes, em sua maioria professores em formação inicial, ou já em exercício, também devem tomar decisões a respeito dos rumos a seguir.

Aqui, temos mais uma sinalização para o percurso a seguir: a fim de atingir a meta de todos ou de muitos – professores e estudantes – tomarem parte das deliberações, impõe-se necessariamente que, inclusive os professores, se eduquem para tanto. Como podemos educar para o que quer que seja, se somos muitas vezes deseducados, na perspectiva buscada?

Como se vê, educação das relações étnico-raciais requer mais do que disciplinas curriculares, exige programa institucional que envolva, entre outras iniciativas, formação dos professores, dos funcionários, também das famílias, ao mesmo tempo em que se desenvolva a dos alunos. Como já vimos, há preconceitos e conceitos, valores, atitudes, posturas e conhecimentos a desconstruir e a edificar. Também nós professores precisamos nos educar.

Não constitui fácil tarefa, uma vez que aos professores atribuem-nos, como se fôssemos os únicos responsáveis, o papel de executores de políticas expressas em diretrizes e normas dos conselhos e secretarias de educação. Em alguns casos, conseguem nos convencer de que somente supervisores, coordenadores pedagógicos e professores universitários reúnem condições de interpretar textos legais, teorias educacionais, propor metodologias que promovam ensinos e aprendizagens.

Tenho tido o privilégio de conviver, trocar reflexões com pessoas que, juntamente com os grupos do Movimento Negro em que militam, têm-se esforçado para criar pedagogias antirracistas, por exemplo, Ana Célia da Silva, Vera Triumpho, Lourdinha Siqueira, Vera Neusa Lopes, Rachel de Oliveira, Nilma Gomes, Wanda Machado, Vilson Caetano Souza Jr., Maria Célia Cota, Joyce E. King, Mwalimu Shujaa, Hassimi O. Maiga. Assim, o que tenho produzido enquanto mulher negra-professora-pesquisadora recebe inspiração, informações, reflexões das pessoas já citadas neste memorial e de outras que talvez não tenha referido, mas sua colaboração por certo está presente. É assim a vida, como expressa o provérbio xhosa: *Uma pessoa é uma pessoa, por causa das outras pessoas.*

Este provérbio é mais uma sinalização, na caminhada empreendida na vida e neste livro.

Se tento avaliar a contribuição de trabalhos meus[97] para a educação das relações étnico-raciais, estimo que tenha se concentrado na

---

[97] Entre outros já citados anteriormente: SILVA, P. B. G. "Projetos educacionais – prioridades dos brasileiros descendentes de africanos". *In:* SOUSA JR., V. C. (Org.). *Uma dívida, muitas dívidas:* os afro-brasileiros querem receber. São Paulo: Atabaque, 1998. p. 153-159; ______. "Espaços para educação das relações interétnicas: contribuições da produção científica e da prática docente, entre gaúchos, sobre negro e educação". *In:* SILVA, L. H. *A escola cidadã no contexto da globalização.* Petrópolis: Vozes, 1998. p. 381-396; ______. "Movimento negro, educação e produção do conhecimento de interesse dos afro-brasileiros". *In: Educação,* Porto Alegre, v. 22, n. 39, p. 27-40, 1999; SILVA, P. B. G.; MONTEIRO, H. M. "Combate ao racismo e construção de identidades". *In:* ABRAMOWICZ, A.; MELLO, R. R. *Educação:* pesquisas e práticas. Campinas: Papirus, 2000. p. 75-99; SILVA, P. B. G. "Educação comparada no contexto da globalização, considerando a diversidade".

explicitação de raízes africanas para o pensamento educacional negro brasileiro, na busca de metodologias para o estudo de africanidades, na proposta de teoria pedagógica que permita pensar a educação brasileira na diversidade de suas raízes sociais e étnico-raciais. Pode parecer pretensiosa esta avaliação, mas na tradição em que fui criada me dizem os mais velhos: *Sem perder a humildade, se podes beber água no copo de cristal, por que usar a canequinha de alumínio?* Mas é preciso estar atenta, insistem eles: *Só com os próprios braços e pernas não dá para abraçar o mundo, é preciso que tenha mais braços e pernas.*

A trajetória como professora, pesquisadora, o desempenho em cargos de coordenação e chefia, em atividades técnicas e legislativas no sistema de ensino têm-me oferecido condições e possibilidades de estudos, intercâmbios, vivências, reflexões que permitem ir

---

In: CASTRO, M. L. S.; WERLE, F. O. C. *Educação comparada na perspectiva da globalização e autonomia.* São Leopoldo: Ed. Unisinos, 2000. p. 23-40; ______. "Pode a educação prevenir contra o racismo e a intolerância e o racismo?" *In: Seminários Regionais Preparatórios para a Conferência Mundial contra o Racismo.* Brasília: Ministério da Justiça, 2001. p. 103-123; ______. "Prefácio". *In:* ANDRADE, R. M. T.; FONSECA, E. F. (Org.). *Aprovados!* Cursinho pré-vestibular e população negra. São Paulo: Selo Negro, 2002. p. 11-12; ______. "Apresentação". *In:* SOUSA JR., V. C. *Nossas raízes africanas.* São Paulo: Atabaque, 2004; ______. "Prefácio". *In:* NUNES, M. F. (Org.). *Diversidade e políticas afirmativas:* diálogos e intercursos. Novo Hamburgo: FEEVALE, 2005. p. 11-13; ______. "Educação dos negros e das negras". *In:* SANTOS, I. (Org.). *Negro em preto e branco:* história fotográfica da população negra de Porto Alegre. Porto Alegre: Do Autor, 2005. p. 72-74; CONCEIÇÃO, R.; SILVA, P. B. G. "Presença negra em São Carlos". *In:* SILVA, A.; ABRAMOWICZ, A.; BITTAR, M. (Org.). *Educação e pesquisa:* diferentes percursos, diferentes contextos. São Carlos: Rima, 2004. p. 3-19.

sempre compreendendo melhor o mundo, as pessoas que não param de me surpreender. Por isso, tenho presente o caráter provisório de minhas afirmações, por mais firmes que sejam. Cabe aqui apontar outra sinalização na trajetória que busco empreender: certezas se convertem em incertezas, as quais propiciam novas certezas.

Para exemplificar algumas certezas que venho formulando, menciono o trabalho elaborado a partir de resultados da implantação de políticas de reparações e de ações afirmativas,[98] dos Concursos de Dotação para Investigações de Pesquisadores Iniciantes, promovido pela ANPED e Ação Educativa, com apoio financeiro da Fundação Ford, entre 1998 e 2002, e o acompanhamento de políticas institucionais adotadas por universidades públicas.

A partir dessas investigações, cheguei ao entendimento de que as diferentes instâncias da sociedade já não podem deixar de reconhecer o estado de exclusão em que vive a significativa maioria dos negros e negras brasileiros nem de tomar medidas para reverter essa situação. Outra compreensão importante que a vida e os estudos têm-me trazido é a de que programas de ações afirmativas podem reverter e consolidar o lugar dos negros na sociedade, além de reconhecer e certificar seu pertencimento étnico-racial enraizado no Mundo Africano. Destaco mais um importante entendimento a

[98] Neste sentido, ver: SILVA, P. B. G. *et al. Acompanhamento e avaliação do programa "Pathways To Higher Initiative" dirigido ao ingresso e permanência de negros no ensino superior no Brasil.* São Carlos: NEAB/UFSCar, 2006.

que cheguei, ou seja, o de que nós professores, com a presença de estudantes oriundos de grupos populares nos bancos universitários, estamos tendo que romper com procedimentos de ensino anteriormente adotados e, em muitos casos, com o alheamento da realidade em que temos construído nosso ensino. A pluralidade de experiências que começam a enriquecer nossas comunidades universitárias não requer apenas mudanças nos modos de ministrar aulas, exige postura política explícita no sentido de, juntos, professores, estudantes, representações de movimentos sociais redefinirem, sem fazer concessões, abrindo novas perspectivas, critérios para avaliar a excelência acadêmica e educativa das instituições de ensino.

Tais certezas vêm me conduzindo a contundentes interrogações e busca de respostas, diversas ainda mal alinhavadas. O desejo de poder ampliar as discussões com experiências em outras realidades encorajou-me a aceitar indicação da Associação Brasileira de Pesquisadores Negros (ABPN), mais tarde da Associação Nacional de Pós-Graduação e Pesquisa em Educação (ANPED), para representá-las junto a World Educational Research Association (WERA), na constituição e fundação desta entidade que busca reunir associações de pesquisa em educação e coordenar ações com vistas a, por meio de intercâmbio internacional, promover investigações informadoras de políticas educacionais que valorizem cada um e concretizem a propalada educação para todos. Hoje, faço parte do conselho da WERA.

A condição de conselheira da WERA possibilitou-me ir a Cingapura e entrar em contato com universos distintos daqueles com quem tenho convivido e transitar por perspectivas de educação, de cidadania, enraizadas em culturas oriundas da Ásia. Esta experiência, assim como o intercâmbio no seio da WERA, tornou mais evidente antiga sinalização em minha trajetória: trabalhar em conjunto, para metas comuns, é fácil dizer, mas fazer.

Dizendo de outra forma, e para tanto me valho de provérbio do povo Zulu da África do Sul: *Eu sou o que eu quero ser, mas tenho que dar a mão para meu vizinho, pois isto é garantia de que chegarei ao futuro que desejo.* Assim vou aprendendo, desde a meninice, a juventude que fui construindo com os amigos de brincadeiras, conversas, passeios, Vera, Norma, Neuza, Marlene, João Carlos, Paulinho. Assim sigo com confiança para o futuro.

Cada momento significa um renascimento, nova dimensão em que procuro ser melhor, mais acolhedora e aberta para participar do mundo de que faço parte, compreendê-lo e ajudar a torná-lo sempre mais enegrecidamente humano.

Certamente, participar da cerimônia em que o Amiru Songhoy Hassimi Maiga recebeu o turbante de chefe do povo Songhoy, na cidade de Gao, no Mali, em março de 2010, representou um inigualável renascimento de minhas raízes africanas. Ser identificada, ao chegar a Bamako, como integrante do povo *Peul* já me pôs dentro, me fez sentir reconhecida, em casa, embora ao mesmo tempo me assaltasse o receio de não saber me comportar como alguém que é da casa. Visitar a aldeia onde nasceu o Chefe, conversar com seus familiares, participar das orações, subir a Duna Sagrada sob a qual vivem os espíritos, à margem do rio Níger, foi-me situando e fazendo diminuir os receios.

Ser admitida aos espaços em que as diversas fases de recebimento do turbante de Amiru Songhoy foi acontecendo, ter sido distinguida como única pessoa de nacionalidade estrangeira a saudar o novo chefe, ao lado dos *Guraças,*[99] me fez sentir pertencente àquele mundo africano. Desde então, dizer que sou africana deixou de ser uma metáfora.

Tal sentimento foi confirmado, quando recebi convite das pessoas que conheci na aldeia do Amiru Songhoy, para que volte e permaneça pelo menos alguns dias com eles. E mais fortemente quando recebi a notícia e o certificado de que fora, enquanto africana que vive na América Latina, indicada para desempenhar função de Wanadu Wayoo, ou seja, de conselheira junto ao Amiru Songhoy.

E assim vou seguindo por novos percursos, nutrida pelo vivido e aprendido, reforçada pela sabedoria de minha família, na companhia dos amigos, amigas, colegas e autores que consulto, tal como expressa o provérbio shongoy: *É viajando que o espírito de cada pessoa se abre.*

[99] Griôs.

O corpo é uma fronteira a partir da qual o sujeito mergulha em si e, ao mesmo tempo, se desdobra para as relações com o outro. Leitor do corpo e da história, o poeta Adão Ventura (1946-2004) escreveu: "teça o seu corpo/ no tear mais simples/ aquele que lhe resta/ pelo suor e origem". Motivada pela história e pelo poeta, a Mazza Edições apresenta a *Coleção TeçaSeuCorpo*, que privilegia experiências de vida relatadas por seus protagonistas ou por terceiros. Espera-se que a partir da leitura dos fios enlaçados no corpo e no pensamento desses atores seja possível vislumbrar movimentos importantes do complexo tecido que é a sociedade brasileira.

Impressão e Acabamento:
EXPRESSÃO & ARTE
EDITORA E GRÁFICA
www.graficaexpressaoearte.com.br